*E 172

J. a. d. e.

DROIT DES GENS

MODERNE

DE L'EUROPE.

1064.

1786

* E 172
J. a. d. 2.

DROIT DES GENS

MODERNE

DE L'EUROPE.

1064.

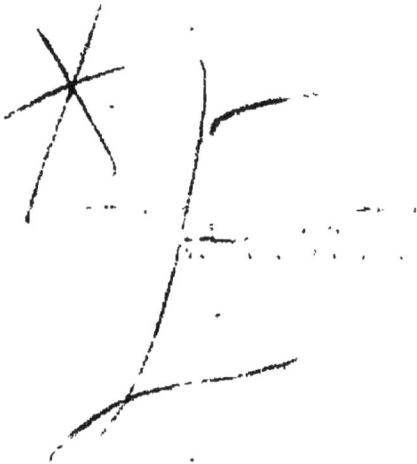

1786

PARIS.—IMPRIMERIE DE COSSON,
Rue Saint-Germain-des-Prés, n° 9.

DROIT DES GENS

MODERNE

DE L'EUROPE,

PAR

JEAN-LOUIS KLÜBER,

AVEC UN SUPPLÉMENT

CONTENANT

UNE BIBLIOTHÉQUE CHOISIE DU DROIT DES GENS.

TOME SECOND.

PARIS,

CHEZ J.-P. AILLAUD, LIBRAIRE,
QUAI VOLTAIRE, N° 11;

A RIO DE JANEIRO,
CHEZ SOUZA, LAEMMERT ET Cte.
1831.

DROIT DES GENS

DROIT DES GENS
MODERNE
DE L'EUROPE.

CHAPITRE PREMIER.

DROIT DE LA GUERRE.

§ 251.

Lésion des droits d'un état.

L'ÉTAT d'inimitié entre plusieurs nations prend son origine dans la lésion d'un droit quelconque, existante ou à craindre a). Les droits des états sont lésés de la même manière que les droits des particuliers, ils le sont ou directement, ou indirectement; directement, si le préjudice a été porté au corps de l'état; indirectement, s'il l'a été à quelques individus seulement, sujets de l'état; toute-

II.   1

fois supposé que l'autre état comme tel ait part à
l'action préjudiciable *b*). Quant à ce qui est de
droit dans l'état d'inimitié, il s'agit de déterminer
les causes qui autorisent une nation à commencer
la guerre, les ménagemens auxquels elle peut
prétendre durant la guerre même, et les droits et
obligations qui résultent de la conclusion d'une
paix *c*).

a) Voy. sur les *prétentions*, v. Omptedn's Literatur, II. 6o5.
Neynon principes du droit des gens, § 298 et suiv., et ci-dessous § 25, note *b*.

b) Par l'autorisation p. e. dont il aurait appuyé le fait injurieux;
de même, pour y avoir excité celui qui l'a commis, pour avoir
retardé ou refusé la réparation demandée, dans les cas surtout où quelques-uns de ses sujets auraient pillé le territoire
étranger, où ses armateurs ou partisans auraient attaqué une
nation non ennemie, où le prince régnant enfin, aurait offensé
en son particulier l'autre état. Schnodt Syst juris gentium
p. 49. Jo. Pet. de Ludewic, diss. de juris gentium laesione.
Hal. 1741. 4. Obss. select. Halens. T. VIII. obs. 6. 7.

c) Voy. Kant's metaphysische Anfangsgründe der Rechtslehre,
S. 216.

§ 232.

Défense de ces droits.

L'état, aussi bien que tout homme isolé et vi-
vant dans l'état de la nature, a le *droit* de se défendre par des actes de violence proportionnés,

contre des lésions existantes ou à craindre, même jusqu'à se faire réparation des préjudices qu'il aurait essuyés (§ 43). Les violences peuvent être exercées, ou contre le corps de l'état dont provient l'offense, ou, suivant le droit des gens naturel, contre les particuliers ses sujets; ces derniers fussent-ils même non coupables pour leur personne, pour la seule raison qu'ils font partie de l'état, et que, par conséquent, tout leur avoir est censé appartenir à la masse des biens de cet état *a*). Les nations ne reconnaissent point de supérieur ni de juge; chacune peut user de ses forces contre les offenses qu'elle éprouve, donc se faire droit à elle-même *b*).

a) Voy. Grotius, lib. III. c. 2. Mais voyez ci-après, § 246, 251 et suiv., et 256.

b) Voy. Moser's Versuch, VIII. 480 ff. — Il n'en est point ainsi des particuliers, ils ont confié l'exercice de tous leurs droits de ce genre à l'état auquel ils appartiennent, cet état peut et doit donc seul les défendre contre les ennemis étrangers.

§ 235.

Conditions auxquelles est soumis l'exercice du droit énoncé.

Pour justifier les mesures ci-dessus, il ne doit non-seulement y avoir eu lésion véritable d'un

droit naturel ou acquis *a*), mais il est de plus nécessaire qu'il n'existe point de moyen de réparation plus facile et moins violent *b*); qu'on ait
p. e. démontré en vain le tort qu'on a souffert,
que les représentations et les menaces soient res-
tées sans effet. — Le but pour lequel la violence
est employée, lui prescrit des bornes. La réparation obtenue, elle doit cesser aussitôt. Elle ne peut
être exercée au profit et sur la demande d'un tiers
état *c*), que lorsqu'on s'est pleinement convaincu
que les droits de cet état sont lésés *d*); toutefois il
ne peut exiger le secours comme devoir qu'aux
termes d'une stipulation antérieure (§ 279).

a) Que p. e. les obligations résultantes d'un traité n'aient point
été accomplies, que des vaisseaux aient été pris en mer, sans
qu'il y ait eu lésion ou déclaration de guerre préalables.
Voyez les Nouvelles extraordinaires, 1778, n° 27.

b) Lud. Mart. KAHLE diss. de justis repressaliarum limitibus
(Goett. 1746. 4.), § 17.

c) Il en faut distinguer le cas où, sur la demande d'un particulier, la propriété d'un étranger qui se trouve dans le territoire
de l'état, est saisie, d'après les lois civiles du pays, et par ordre d'un tribunal (*arrestum juris.*)

d) Comparez ci-haut § 42, et ci-après § 268 et suiv. Jo. Ge.
MARCKART diss. de jure atque obligatione succurrendi injuria
oppressis. Harderov. 1748. 4. Joach. Ge. DARIES de justo bello
pro aliis suscipiendo; dans ses Observat. jur. nat., socialis et
gent. Vol. II. p. 338. *Ejusd.* diss. de causis belli pro aliis susci-

piendi. Francof. ad Viadr. 1769. 4. Cette opinion est rejetée dans Schott's unparth. Critik, Bd. I. S. 822, et par Vattel, liv. II, ch. 18, § 348. — Les cantons de la Confédération Suisse se sont tous engagés, les uns envers les autres, d'exercer en cas de besoin, chacun au profit de tous, des représailles contre les états étrangers.

§ 254.

Distinctions.

Un état se fait droit à soi-même: 1° en mettant *arrêt* sur des capitaux dus ou sur des choses appartenantes à un autre état ou à ses sujets *a*), p. e. l'embargo sur des vaisseaux; 2° en se *ressaisissant* de la propriété ou du droit qui lui a été ravi; 3° en s'appropriant pour réparation et dédommagement un *objet équivalent*, ou en exerçant à ce même dessein une violence pareille à celle qu'il a éprouvée *b*) (*retorsio facti*); 4° en usant de *représailles* proprement dites; c'est-à-dire en retenant par force des personnes (*androlepsia*), des droits, ou des choses (représailles dans un sens encore plus limité) appartenantes à l'état dont provient l'offense, afin d'obliger cet état à reconnaître le droit contesté, et à faire réparation *c*); 5° enfin, et à toute extrémité, par la guerre. — La *rétorsion* d'un droit (*retorsio juris vel legis*) ne vient point dans la catégorie des moyens dont nous venons de parler, quoiqu'elle soit fondée dans l'égalité et l'indépendance des nations *d*). Le droit du *talion* est entièrement étranger au droit des gens *e*), et les *duels* entre les nations ou leurs souverains ne sont plus en usage *f*).

a) Mercure hist. et polit., 1753, T. I, p. 217. J. J. Moser's Versuch des neuesten europ: Volkerrechts, Th. VI, S. 441 ff. v. Martens Erzahlungen, Th. I, S. 240 ff. J. G. Büsch u. C. D. Ebeling's Handlungs-Bibliothek, Bd. IV (1801), S. 442 ff. v. Kamptz neue Lit., S. 286 f., num. 17—24.

b) En ne remplissant point p. e. les conditions d'une capitulation, parce que l'ennemi en a usé ainsi dans un cas pareil. Voy. Vattel, liv. III, ch. 10, § 176. Lamberty mémoires, V. 163. 164. VI. 238-240. — Quelques-uns appellent ceci *droit du talion.* D'autres entendent par cette dénomination l'appropriation d'un équivalent. Une tierce théorie enfin comprend ces deux moyens sous le droit du talion.

e) Voy. des écrits dans v. Ompteda's Literatur, II. 609-613, et dans v. Kamptz neue Lit., § 270. Bynkershoek, quaest. jur. publ. lib. I. c. 24. dans ses Operib. omn. II. 235. Moser's Versuch, VIII. 491. 498. v. Martens Erzahlungen, Th. I, Num. 16. v. Kamptz Beiträge zum Staats und Völkerrecht, Bd. I, S. 204-206. — Par *représailles en général,* on entend toute violence exercée (hors la guerre) pour obtenir réparation d'une injustice qu'on a soufferte. Les représailles sont *négatives,* lorsqu'un état se refuse à remplir une obligation parfaite qu'il a contractée, p. e. à payer une rente ou une dette quelconque, à rendre la propriété de l'autre état qu'il a en main, etc.; elles sont *positives* au contraire, lorsqu'elles consistent à saisir et à retenir des personnes, des choses ou des droits appartenans à l'autre état, p. e. à s'emparer de ses marchandises qui sont

rencontrées sur nôtre territoire, à presser, ou enrôler de force
ses matelots, etc. A mesure que les représailles augmentent,
elles s'approchent de l'état de guerre. VATTEL, liv. II, ch. 18,
§ 345. BURLAMAQUI principes du droit politique, P. IV, ch. 3,
§ 31—43, p. 336 et suiv.

d) La *rétorsion* est le refus de reconnaître des droits non parfaits;
elle ne suppose donc point une offense essuyée, ou la lésion
d'un droit formel, elle est au contraire uniquement fondée sur
une partialité onéreuse et inéquitable de la législation de l'autre état, qui traite défavorablement les étrangers. La rétorsion
serait injuste, si elle ne se fondait que sur une différence des
lois civiles étrangères d'avec les nôtres. Jo. Godofr. BAUER diss.
de vero fundamento quo inter civitates nititur retorsio juris.
Lips. 1740. 4. et dans ses Opusc. T. I. n. 9. Vinc. OLDENBURGER
diss. de retorsione jurium. Goett. 1780. 4. Ma préface au traité
intitulé: Ueber Erbschaftssteuer. Erl. 1790. 8. SCHRODER elem.
jur. nat. et gent. § 1117. Mosen's Versuch, VIII. 485. v. OMP-
TEDA's Lit., § 287. v. KAMPTZ neue Lit., § 269.

e) Car une compensation *morale* ne pouvant d'après sa nature
avoir des effets physiques, serait purement du ressort de la morale; une compensation *juridique* au contraire, ou ne serait
qu'identique avec l'autre, ou resterait toujours un idéal sans
effets réels. Comparez Henr. COCCEJI diss. de sacrosancto talionis jure. Francof. 1705. 4. et dans ses Exercit. curios. Vol. II.
n. 37. Jo. Ad. de ICKSTADT pr. de arctis juris talionis limitibus
in statu hominum gentiumque naturali. Wirceb. 1733. 4. et
dans ses Opusc. T. I. n. 2. p. 152. Joach. Ge. DARIES diss. de
eo q. j. e. circa legem talionis, tam in foro externo quam in
foro poli. Jen. 1737. 4. Jo. Pet. BUCHER diss. I. de jure talionis.
Harderov. 1763. Diss. II. Steinf. 1764. 4. E. C. WIELAND über
die natürliche Gleicheit der Menschen, sammt Anhang vom
Wiedervergeltungsrecht. Leipz. 1782. 8. MONTESQUIEU esprit
des lois, T. I, liv. 6, ch. 19, p. 104.

f) GROTIUS lib. II. c. 23. § 10. Dissertations « *de duellis principum* » de Jo. Joach. ZENTGRAV, Viteb. 1668; Jo. Jac. MÜLLER, Jen. 1702; J. G. SCHERZ, Argent. 1707; J. C. DITTMAR, Froncof. ad Viadr. 1719, et dans ses Dissert. et Exercit. p. 239. sqq. JAEGER vom Zweikampf der Völkern: ihrer Souveraine; dans SCHOTT's jurist. Wochenblatt, 1772, S. 659-671.

§ 235.

De la guerre et de ses différentes espèces.

Lorsqu'un état oppose, d'une manière quelconque, la force à la force, il se trouve en état de *guerre* dans *l'acception générale* du mot. C'est une *guerre proprement dite a*), si elle admet toute sorte de violence, et une *guerre des nations* en particulier (*bellum inter gentes*), si les parties belligérantes sont des nations. Elle est *défensive* (*bellum defensivum*) du côté de celui qui ne veut que défendre ses droits, afin d'obtenir sûreté ou réparation, *offensive* au contraire (*bellum offensivum*) de la part de celui qui tend à violer les droits d'un autre. Cette dénomination est la même, que l'un ou que l'autre des belligérans ait commencé les hostilités ; car la guerre n'en est pas moins défensive si la partie attaque en vertu du droit de prévention, ce droit étant de pure défense *b*); il peut d'ailleurs y avoir eu déclaration

tacite de guerre de l'autre partie. La guerre, fina-
lement, se fait ou sur *terre* (guerre continentale),
ou sur *mer c*) (guerre maritime).

a) BYNKERSHOEK definitio belli ejusque explicatio; dans ses
Quaest. jur. publ. lib. I. c. 1. — Des écrits sur la guerre sont
indiqués dans v. OMPTEDA's Literatur, II. 615 ff. C. O. GRAEBE
orat. de jure belli et pacis, praesertim imperii. Rintelii 1795.
8. J. G. FICHTE über den Begriff des wahren Kriegs. 1813. 8.
J. N. TETENS considérations sur les droits réciproques des
puissances belligérantes et des puissances neutres sur mer, avec
les principes de guerre en général, à Copenhague 1805. 8. —
La guerre proprement dite peut avoir lieu entre des particuliers (guerre *privée* qui est défendue dans les territoires des
états), ou entre des nations (guerre *publique, bellum inter gentes*); de plus, entre l'état et des particuliers (guerre *mixte*). La
guerre intestine (*bellum intestinum*) peut être du premier
genre, si la constitution de l'état est suspendue (*bellum civile*);
elle appartient au troisième, si elle se fait entre le gouvernement et une partie des citoyens, soit que ceux-ci soient rebelles, que le bon droit soit par conséquent du côté du gouvernement (guerre d'*exécution*), ou non. — Voyez des écrits
sur le droit de guerre en général, dans v. OMPTEDA's Lit.,
§ 290 f., et dans v. KAMPTZ neue Lit., § 271 f.

b) C'est la justice ou l'injustice de la guerre, qui établissent cette
distinction. Quelques savans appliquent les *deux* expressions
à la bonne cause. D'après eux, la guerre est *défensive*, quand
elle sert à réprimer une offense, *offensive*, quand l'état veut
recouvrer la possession d'un objet qu'il ne peut obtenir du dé-
tenteur illégitime, ou se mettre en sûreté contre un danger
imminent. C. L. SCHEID diss. de ratione belli, § 19. BURLAMA-
QUI principes du droit politique, P. IV, ch. 3, § 1 suiv. p. 322.

— Dans la conversation, au contraire, on attribue indistincte-
ment l'offensive à celui qui a fait la déclaration de guerre, ou
qui a levé le premier les armes. Rarement aucune des parties belligérentes ne veut passer pour agresseur. Voyez Moser's Beyträge zu dem neuesten europ. Volkerrecht in Kriegszeiten, Th. I, S. 3 ff. — Conférez du reste Joach. Ge. Danies
de bello ejusque generibus, § 19 sqq., dans ses Observationi-
bus juris nat., socialis et gentium, Vol. II. p. 3o3. Le même,
de bello defensivo, ib. p. 3o5. Vattel, liv. III, ch. 1, § 5.
Von dem Unterschiede der Offensiv-undDefensiv-Kriege.1756.
4. et dans la Teutsche KriegsCanzley, Bd. I, S. 773 ff. v. Ompteda's Lit., II. 631. v. Kamptz neue Lit., § 278.

c) Voy. Joh. Jul. Surland's Grundsätze des europ Seerechts.
Hannov. 1750. 8. J. G. F. Koch's europ. Land- und Seekriegs
recht. Frankf. 1778. 8.

§ 236.

Droit de faire la guerre, un droit de majesté.

Le droit de faire la guerre au nom de l'état est
un droit de *souveraineté* ou de *majesté* extrinsè-
que a). Il ne peut donc être exercé que par le re-
présentant, et conformément à la constitution de
l'état. De simples sujets ne peuvent y prétendre
d'aucune manière (§ 232, not. b). Cependant il
peut non-seulement être délégué dans des circonstances particulières à des gouverneurs ou préfets,
surtout dans les provinces éloignées ou dans des
colonies b), mais le droit de commettre cer-

tains actes de violence est même parfois confié,
durant une guerre des nations, à une partie des
citoyens *c*).

a) Voyez des écrits dans v. Kamptz neue Lit., § 273 f.

b) P. e. aux gouverneurs des sociétés octroyées de commerce, dans
les Indes orientales. Voy. C. F. Pauli diss. de jure belli socie-
tatum mercatoriarum majorum. Hal. 1751. 4.

c) Aux armateurs p. e. munis de lettres de marque (*litterae marcae*,
Markbriefe).

§ 237.

La guerre doit être juste.

Toute guerre, pour qu'elle soit juste, doit
prendre son origine en droit dans les conséquences d'un principe, abstrait à son tour de la nécessité de conserver des droits externes menacés ou
déjà lésés. La guerre est donc *juste*, du côté de
l'état qui se trouve obligé de la faire pour défendre
ses droits *a*). Cette défense, comme nous venons
de le dire, peut non-seulement avoir pour objet
des lésions existantes; mais elle peut aussi être
exercée, en exécution du droit de prévention,
pour des lésions imminentes *b*). Le *but* d'une
guerre juste doit donc consister à obtenir répara-

tifs, appelé dans la terminologie du droit des gens *clarigatio;* voyez les différentes significations de ce mot, dans FEILITZSCH l. c. cap. 1. § 6. p. 13.

b) CICERO de offic. lib. II. c. 2. Jo. Gottl. GONNE, warum die Kriegsankündigung unter freien Völkern für notwendig gehalten worden (dans les Erlang. gel. Anzeigen v. 1743, Num. 4. et dans STEBENKEES jurist. Magazin, Bd. I, S. 21 ff.), § 2. ff. — La déclaration de guerre se fit dans le moyen âge, et encore en 1635 à Bruxelles, solennellement par des *hérauts d'armes.* Voyez mes Anmerkungen zu SAINTE-PALAYE von dem Ritterwesen, I. 283.

c) Témoin un grand nombre d'exemples, outre ceux allégués par FEILITZSCH l. c. cap. 2. § 29. sqq. p. 67. sqq.

§ 239.

Proclamation de la guerre.

Une mesure beaucoup plus utile que la précédente, quoique également pas essentielle , est celle de *proclamer* par un *manifeste* l'état de guerre et les causes qui l'ont amené (*publicatio belli*). Cette mesure est d'importance pour les sujets de l'état, en ce que la guerre établissant des rapports d'inimitié entre la nation entière et son ennemi, menace chaque individu et ses biens. Elle peut encore devenir utile en gagnant la faveur des puissances neutres, et en assurant à l'état les avantages du commerce de ces puissances. Enfin quoi-

§ 238.

Déclaration de guerre.

· Pour justifier la guerre, il ne faut point de *déclaration* (*indictio s. annunciatio belli*), ni annonce quelconque portant que l'on se propose de poursuivre ses droits par le moyen de la guerre *a*), soit aussitôt, soit dans un cas échéant (*vel pure vel eventualiter*). Une telle déclaration est seulement requise par exception, lorsqu'elle a été stipulée dans un traité, ou qu'elle peut donner lieu à l'espoir d'un accommodement. Aussi l'usage de déclarer formellement la guerre, autrefois très-répandu en *Europe b*), a-t-il presque entièrement cessé depuis le milieu du dix-septième siècle *c*).

a) Binkershoek quaest. jur. publ. lib. I, c. 2. G. S. Treuer diss. de decoro gentium circa belli initia (Helmst. 1727. 4.), § 23. sqq. Glafey's Volkerrecht, S. 506. P. E. a Ferlitzsch tr. de indictione belli et clarigatione (Jen. 1754. 8.), c. 1. § 14. sqq. p. 21. Moser's Beyträge, I. 369 ff. — Autrement Grotius, lib. III. c 3. § 6 et 11. Barbeyrac in not. ad Pufendorf de J. N. et G, lib. 8, c. 6. § 9. et 15. Vattel, liv. III, ch. 4, § 51. Ce dernier appelle guerre en *forme* celle qui a été annoncée par une déclaration expresse. — Voy. des écrits sur cette matière dans v. Ompteda's literatur, II. 629 f. et dans v. Kamptz neuer Lit., § 275. — Les déclarations de guerre sont ou toutes simples et brèves, ou appuyées du détail justifiant des causes et mo

qu'elle ne fixe pas non plus dans tous les cas le terme où les hostilités commencent, elle ne manque pas cependant d'influer de droit sur le commerce des particuliers *a*). Toutes ces raisons l'ont rendue de coutume générale entre les nations de l'Europe, dont rarement elles ne s'écartent. Le manifeste de l'une des parties donne quelquefois lieu à un *contre-manifeste* de l'autre *b*).

a) G. H. AYRER oratio de jure solenni circa declarandum bellum inter gentes moratiores accepto, et nuper etiam — usurpato. Goett. 1757. 4. EMERIGON traité des assurances, I. 559. Mosen's Beytrage, I. 273 ff. 389 ff.

b) Mosen's Beytrage, I. 405 ff.

§ 240.

Décrets portant inhibition et rappel.

Les puissances belligérantes règlent, ordinairement par des *édits* ou décrets exprès, la conduite de leurs sujets et vassaux envers l'ennemi *a*). A cet effet les gouvernemens défendent en général et sous des peines déterminées, aux citoyens, d'entretenir avec l'ennemi des liaisons de commerce quelconques qui pourraient lui devenir utiles par rapport à la guerre (*edicta dehortatoria*). Ils leur interdisent même souvent toute communication avec le pays ennemi, telle que la correspondance, les assurances pour le compte de l'ennemi *b*), l'exportation des marchandises sur son territoire, ou l'importation des siennes *c*), si ce n'est en vertu d'une permission ou d'une licence expresses, etc. (*edicta inhibitoria*). Ceux d'entre eux qui sont au service militaire ou autre de l'ennemi, ou quelquefois même d'une tierce puissance, sont rappelés pour servir leur patrie, et punis, en cas de désobéissance, de la confiscation de leurs biens ou d'une autre peine arbitraire *d*) (décrets de rappel ou *edicta avocatoria*). L'intérêt de l'état exige cependant souvent de permettre par connivence, ou par des ordonnances expresses, souvent même en vertu de conventions particulières, un commerce restreint avec le pays ennemi; p. e. la correspondance pour des objets non relatifs aux rapports publics entre les états en guerre, l'importation et l'exportation de certaines marchandises dans des endroits ou des ports déterminés et avec des formalités prescrites *e*). Quelquefois les lois d'état renferment, à ce sujet, des dispositions particulières pour chaque espèce de guerre.

a) Jo. Frid. Boeckelmann *de jure revocandi domum.* Heidelb. 4. J. C. W. v. Steck von Abrufung der in auswärtigen Kriegsdiensten stehenden Reichsglieder und Vassallen; dans ses

Abhandlungen (Halle 1757. 8.), S. 31 — 54. Du même, Vertheidigung dieser Grundsätze, ibid. dans l'appendice, S. 1 — 55. Franz Thereser's Versuch von Avocatorien und Inhibitorien. Wien 1793. 8. Moser's Versuch, IX. 1. 42 ff. 60 ff. Le même, von teutschen Reichstagsgeschäften, S. 760 — 791., et ses Beyträge, I. 352. 463 ff. — Une série de décrets de rappel, de 1548—1704, se trouve dans le Codex Augusteus (saxonicus electoralis), I. 2310—2367.

b, J. C. W. v. Strck von Versicherung feindlicher Schiffe und Güter; dans ses Ausführungen (Berlin 1776. 8.), S. 176—179. Du même, Ausführungen (Halle 1784 8.) S. 16 ff. 23 ff. Moser's Versuch, IX. 1. 75 ff.

c) Buscn Welthandel, S. 585. (4. Ausg.)

d) Voyez des écrits dans v. Kamptz neue Literatur des VR., § 277.

e) Moser's Versuch, IX. 1. 46 ff. 60 ff. 72 ff. Du même, Beyträge, I. 482, 485 H. Hankrn's Rechte und Freiheiten des Handels (Hamb. 1782. 8.), S. 70 ff. Bouchaud théorie des traités de commerce, p. 250 et suiv.

§ 241.

Des droits de la bonne cause, 1o, en général.

Les droits de la bonne cause envers la partie qui fait une guerre injuste, sont les mêmes entre des nations, qu'entre les hommes isolés dans l'état de la nature; ils sont *illimités (jus infinitum),* du moins

en principe (*in thesi*). Des circonstances particulières seulement peuvent, dans le cas échéant (*in
hypothesi*), les limiter, en les assujettissant au but
de la guerre. Il n'y a donc aucun moyen, quelque
violent qu'il soit, que l'ennemi en juste cause ne
puisse employer pour défendre ses droits actuels et
futurs, et se procurer entière réparation *a*), pourvu
que ces moyens ne portent point de préjudice aux
droits d'un tiers. Naturellement libre et indépen-
dant de tout pouvoir judiciaire étranger, il a le
choix des moyens, il en fixe la qualité et la quantité. D'ailleurs les actions des états étant aussi présumées justes jusqu'à preuve du contraire, toute
violence exercée par un état dont la cause est reconnue bonne, doit être réputée légitime, à moins
que le contraire ne soit mis en évidence.

a) Voyez Vattel, liv. III, ch. 11 et 9. v. Kamptz neue Lit., § 331
— Même une guerre d'extermination ou à mort (*bellum inter-
necinum*) peut, selon les circonstances, n'être point injuste;
c'est là le sens qu'il faut attribuer au proverbe : *Mars exlex*. C.
G. Heyne prog. de bellis internecinis eorumque caussis et
eventis. Goett. 1794. fol. — L'étendue des droits de la bonne
cause doit être déterminée non-seulement d'après l'état des
choses au commencement de la guerre, mais aussi d'après ses
suites et conséquences. *Jus nostrum non ex solo belli principio
spectandum, sed et ex causis subnascentibus*. Grotius, l'b. III,
c. 1. § 3. Du nombre de ces dernières est l'indemnité à fournir
pour les dommages causés avant et par la guerre jusqu'aux dé-
penses de celle-ci, ainsi que la caution que le vainqueur ayant

bonne cause peut exiger, selon les circonstances, et son avis
raisonnable pour rendre son adversaire incapable de lui nuire
dorénavant. VATTEL, liv. III, ch. 9, § 160.

§ 242.

2° *Durée et théâtre de la guerre.*

Le droit de faire la guerre *dure* jusqu'à ce que
son but légitime soit atteint. La partie qui a le bon
droit de son côté peut par conséquent continuer
la guerre, jusqu'à ce que son adversaire offre ou
accepte des conditions de paix convenables ; sinon
jusqu'à ce qu'il y soit contraint par la victoire. Les
hostilités ne peuvent pas seulement être exercées
sur le *territoire continental* et dans les *parages* de
l'ennemi, mais aussi *hors de ces limites ;* en vertu
de quoi p. e. des personnes ou des effets peuvent
être poursuivis et saisis en pleine mer, toujours
supposé qu'il n'en aille point des droits d'un tiers.

§ 243.

3° *Moyens de nuire à l'ennemi.*

a) *Selon la loi de guerre et la raison de guerre en général.*

Les *moyens de nuire* à l'ennemi sont très-diffé-
rens, selon la qualité des personnes, des choses,

ou des droits. Il y a des manières de faire la guerre, lesquelles, quoi que non directement injustes si elles sont employées pour la bonne cause, n'en sont pas moins grandement immorales *a*). Relativement à quelques-uns de ces moyens de faire du mal, les nations civilisées de l'Europe observent généralement, et sans convention particulière, certaines restrictions qui ont pour but d'empêcher qu'il ne se commette des cruautés trop atroces et souvent même inutiles *b*.) L'ensemble de ces restrictions fait la *loi de guerre c*) (*Kriegsmanier, Kriegsgebrauch*). Il ne peut être dérogé à cette loi qu'en cas de rétorsion, ou dans telle autre circonstance extraordinaire, toujours par exception et seulement dans les cas prévus par la coutume qu'on appelle la *raison de guerre* (*ratio belli*, *Kriegs-raison*) *d*). Le droit des gens naturel n'approuve ces mesures extraordinaires qu'autant qu'elles répondent au but de la guerre, qu'elles sont employées pour la bonne cause, et ne préjudicient aux droits d'aucun tiers *e*).

a) Contraires déjà au droit des gens naturel, sont tenus, l'empoisonnement des sources, par WOLF jur. gent. § 879; les moyens d'envenimer les armes, et l'assassinat, par VATTEL, liv. III, ch. 8, § 156 (voyez là contre TITIUS, ad PUFENDORF. de officio hominis et civis, obs. 701. p. 469); les machinations tendant à soulever le peuple ennemi contre son gouvernement, par G. H. AYRER diss. an hosti liceat cives ad rebellionem vel seditionem sollicitare? Goett. 1748. 4 SCHEID l. infra cit. p. 3o. J. C. G. de STECK observ. subsec obs. 14. v. KAMPTZ neue Lit. des VR., § 104. et ci-après § 244. (voyez là contre PUFENDORF de J. N. et G. lib. VIII. c. 6. § 18.)

b) Elles sont inutiles, lorsqu'elles ne nuisent point aux forces de l'ennemi, et ne le font point diminuer de résistance. La guerre dégénérerait alors en cruauté (*crudelitas bellica*), et cette cruauté éloignerait toute confiance des négociations de la paix à conclure. Voy. KANT zum ewigem Frieden, Abschn. I, § 6.

c) GROTIUS, lib. III. c. 1. § 19. c. 18. § 4. PUFENDORF de J. N. et G. lib. II. c. 3. § 23. Mosen's Versuch, IX. 1. 111-129. Du même, Beytage, II. 1-264. Fréd. Henr. STRUBE dissertation sur la raison de guerre et le droit de bienséance; annexée en supplément à son ouvrage intitulé : Recherche nouvelle de l'origine et des fondemens du droit de la nature. St.-Pétersb. 1740. 8. Gründliche Nachricht vom Kriegs Ceremoniel und der Kriegsmanier. 1745. 4. v. OMPTEDA's Literatur, II. 631-636. v. KAMPTZ neue Lit., § 282 f.

d) Appelée aussi par GROTIUS *jus s. titulus necessitatis.* BYNKERSHOEK quaest. jur. publ. lib. I. c. 3. C. L. SCHEID diss. de ratione belli (Hafniae 1744. 4. rec. ib. 1747. 4). § 20. 21. 43. sq. Ulr. OBRECHT diss. de ratione belli et sponsoribus pacis. Argent. 1697. 4., et dans ses dissertatt. acad. n. 8 Reflectionen über die Verschiedenheit des Begriffs der Raison de guerre bei deutschen Reichskriegen. Regensb. 1796. 8. F. H. STRUBE, dans le livre allégué. F. G. PESTEL diss. de eo quod inter jus et rationem belli interest. Lemgoviae 1758. 4. v. OMPTEDA, II. 634-637. — Un décret de la Convention nationale de France défendit en 1794 de faire grâce aux soldats espagnols, parce que l'Espagne ne reconnaissait point comme valable la capitulation de Collioure. Voy. Polit. Journal. 1794, dec., S. 1320.

e) SCHEID l. c. § 38. 40. 45.

§ 244.

Continuation.

La *loi de guerre* a) défend expressément d'empoisonner les puits et fontaines, les provisions de bouche destinées au souverain ennemi, à ses officiers et autres gens de guerre, d'envoyer à l'armée ennemie des hommes attaqués de la peste ou de quelque autre maladie contagieuse, des bêtes également malades, ou des choses infectées de la maladie, de faire usage d'armes envenimées, de boulets à chaînes ou à bras, de charger le canon avec des morceaux de fer ou de verre ou avec des clous (mitraille proprement dite). L'usage de la mitraille dans l'acception générale, et même, en cas de nécessité, de morceaux de plomb non entièrement ronds, ne passe point pour injuste. Il est encore défendu de faire charger les fusils à deux balles, à deux moitiés de balles ou avec des balles crénelées, ou fondues avec des morceaux de verre ou de la chaux, de maltraiter les blessés, les malades, les invalides, et tous ceux qui ne sont point en état de se défendre, d'assassiner, de refuser le pardon à ceux qui se rendent prisonniers, de tuer ou maltraiter les prisonniers qui se tiennent tran-

fonctions qu'ils remplissent, sont de la classe des *non-combattans*, ne sont point faits prisonniers, à moins qu'ils ne s'y soumettent enx-mêmes *c*). D'un autre côté, tous ceux qui ont pris part aux hostilités, ou qui seulement ont été rencontrés les armes à la main, quels qu'ils soient, ne peuvent prétendre à aucune de ces faveurs.

a) Moser's Versuch, IX. 1. 45 ff. Du même, Beyträge, I. 471. L'art. 2 du traité de commerce, conclu en 1786 entre la France et la Grande-Bretagne; de Martens recueil, II. 681. Comparez l'ordonnance danoise du 7 sept. 1813, publiée au commencement de la guerre entre le Dannemarck et la Suède, dans la Gazette de Francfort, 1813, n° 275.

b) Vattel, liv. III, ch. 8, § 145–147. — Ceux qui ne sont point en état de se défendre, les vieillards, les malades, les femmes, les enfans, ont le plus de prétention à être ménagés par les vainqueurs. Vattel, § 145. — Rarement oblige-t-on aujourd'hui les sujets de l'ennemi à quitter leur patrie et à se transplanter ailleurs. Moser's Versuch, IX. 1. 299.

c) P. e. les prêtres, les fonctionnaires publics, les médecins, les chirurgiens, les fournisseurs, les vivandiers, les domestiques, etc. La loi de guerre met encore de ce nombre les quartier-mestres, et les navires, les tambours, fifres et trompettes envoyés comme parlementaires, autant qu'il est possible de les épargner, et qu'ils font signe à l'ennemi.

§ 248.

Ou bien par rapport à ceux qui font partie de la force armée.

Les hostilités sont immédiatement et principalement dirigées contre les individus de la force armée régulière de l'ennemi, contre les guerriers de toutes armes *a*). S'ils se comportent conformément à la loi de guerre *b*), ils peuvent prétendre à être traités à leur tour suivant cette même loi. Les troupes ennemies peuvent les attaquer et les poursuivre, et en cas de résistance ou de fuite, ou les blesser et même tuer, ou bien *c*) les faire prisonniers et les piller; en suite de quoi, ils sont, selon les circonstances, ou relâchés ordinairement sous promesse de ne plus servir dans cette guerre, ou jusqu'à une certaine époque, où ils sont conduits dans des dépôts de prisonniers de guerre.

a) VATTEL, liv. III, ch. 15. — Les soldats de police ne sont pas de ce nombre, ni les invalides ou vétérans non plus; mais bien ceux qui appartiennent à la *Landwehr* et au *Landsturm*, ainsi que les *armateurs* dans une guerre maritime. Comparez ci-après, § 267.

b) Il n'en serait point ainsi p. e. si de simples soldats, sans ordre eu permission de leurs chefs, ou sans être dans la nécessité de se défendre, exerçaient des hostilités; non plus, si des transfuges étaient entrés dans les troupes ennemies. VATTEL, liv. III, ch. 8, § 144.

c) La loi de guerre exige de faire quartier à l'ennemi blessé et hors d'état de se défendre, et à celui qui, ayant quitté ses armes, se rend prisonnier. Moser's Versuch, IX. 2. 251 f.

quilles, de profaner des lieux consacrés au culte, de dépouiller les tombeaux, de violer les femmes, etc.; enfin de corrompre les généraux et les fonctionnaires de l'état ennemi *b)*, d'engager les sujets ennemis à la trahison *c)* et à la sédition *d)*, de mettre à prix la tête du souverain ou du général en chef *e)*.

a) Voy. Moser's Versuch, IX. 2. 472 ff. — Non ne manquons pas non plus absolument de traités exprès à ce sujet. Voy. p. e. le traité de de 1675 sur le non-usage d'armes envenimées. J. E. v. Beust Kriegsanmerkungen, Th. V, S. 236. — Dans plusieurs guerres navales, l'usage des cercles poissés, des boulets à chaine et à bras, des boulets rouges (inventés en 1571, lors du siége de Dantzick), etc., fut prohibé par des traités ou arragemens militaires. — Voyez des écrits sur les différentes espèces d'armes, dans v. Ompteda's Lit , § 301 et dans v. Kampiz neuer Litt., 289.

b) Scheid diss. cit. p. 30. § 33. Schol. 1.

c) Vattel, liv. III, ch. 10, § 180 et suiv. Moser's Versuch, IX. 2. 467 ff.

d) Moser's Versuch, IX. 1. 317 ff. Voy. ci-dessus, § 243, note *a*. — Cela souffre des exceptions, quand la guerre a pour but de rétablir la constitution légitime de l'état, de réprimer les séditieux, de vaincre l'usurpateur, etc.

e) Moser's Versuch, IX. 2. 257 f. — Détails sur un complot tramé contre le grand Frédéric en 1741, ibid. IX. 1, 131 ff. ff.—Voy. sur la machine infernale, un brûlot inventé environ l'an 1585 par l'ingénieur Jenibelli, le Dictionnaire de Trévoux, T. III. p. 1630.

§ 245.

b) Par rapport à quelques personnes ennemies ; le souverain et sa famille, et les ambassadeurs, en particulier.

Le droit des gens universel n'exempte point la personne du *monarque ennemi*, ni les *membres de sa famille*, des périls et violences de la guerre, surtout lorsqu'ils portent eux-mêmes les armes; mais l'usage des gens reçu en Europe a mitigé à cet égard *a*). Les souverains des puissances belligérantes ne se regardent point eux-mêmes, ni les membres de leur familles respectives, comme ennemis, du moins quant aux dehors. C'est pour cette raison qu'ils omettent rarement de se donner, même durant la guerre, des témoignages de considération et d'amitié, p. e. à l'occasion d'un événement personnellement agréable ou triste, ou lorsqu'un souverain ou quelqu'un de sa famille se trouve assiégé dans une forteresse, ou quelque autre part, etc. Il serait contraire à la loi de guerre de les poursuivre personnellement, p. e. de diriger par préférence contre leur personne le canon ou la fusillade. S'ils sont faits prisonniers, ils sont ou relâchés à l'instant, ou traités avec des égards particuliers *b*). Les *ambassadeurs* et les personnes de leur suite retournent librement et avec sûreté chez eux, lors d'une guerre survenue entre les deux états respectifs (§ 228 et suiv.).

a) Moser's Versuch, IX. 1. 129 ff. Du même, Beytrage, II. 265 ff. Vattel, liv. III, ch. 8, § 159.

b) Moser's Versuch, IX. 1. 141. 146. v. Ompteda's Literatur, II. 646. exemple du roi de Saxe fait prisonnier de guerre après la bataille de Leipsig, en 1813. Voy. mes Acten des Wiener Congresses, Bd. VII. S. 24. ff. Voyez sur la validité d'un traité conclu par un monarque prisonnier de guerre, le § 142.

§ 246.

Par rapport à tous ceux qui ne portent point les armes.

Quoique le droit des gens naturel ne défende point d'user de violence envers tous les sujets de l'état ennemi et envers leurs biens (§ 232), l'usage de guerre établi en Europe a néanmoins restreint cette faculté, par rapport aux sujets qui ne peuvent être regardés, pour leur personne, ni comme ayant pris part à l'offense primitive, ni comme exerçant des hostilités. C'est pour cette raison que l'on prend rarement contre eux des mesures plus rigoureuses que ne l'exigent les besoins de la guerre, tant pour les empêcher de se ranger du côté ennemi, que pour augmenter ses forces actives, à

l'aide de leur fortune, et pour la soustraire à l'ennemi *a*).

a) Moser's Versuch, IX. 1. 201—424. Du même, Beyträge, III.
1—471. Jo. Mar. Lampredi de licentia in hostem, contra Coc-
cejum. Florent. 1761. 8. Voyez des écrits, dans v. Kamptz
neue Lit., § 583.

§ 247.

Continuation.

Conformément à ces principes, on laisse librement retourner dans leur patrie, dans un délai
déterminé, les sujets de l'état devenu ennemi ; souvent même il leur est permis, en vertu d'un traité
ou par pure grâce (§ 152), de continuer leur sé-
jour *a*). Les habitans d'un pays conquis, pourvu
qu'ils se tiennent tranquilles et s'acquittent avec
promptitude des obligations qui leur sont imposées, telles que les fournitures à faire, les attelages
pour le service de l'armée, etc., jouissent pour
leurs personnes d'une entière sûreté, leurs propriétés sont respectées, et le commerce, tant dans
le pays qu'avec les nations neutres, leur est laissé
libre *b*). Quelquefois on leur prend des otages,
pour mieux s'assurer d'eux (§ 156). Même les personnes qui tiennent à l'armée, mais qui, selon les

fonctions qu'ils remplissent, sont de la classe des
non-combattans, ne sont point faits prisonniers,
à moins qu'ils ne s'y soumettent enx-mêmes *c*).
D'un autre côté, tous ceux qui ont pris part aux
hostilités, ou qui seulement ont été rencontrés les
armes à la main, quels qu'ils soient, ne peuvent
prétendre à aucune de ces faveurs.

a) Moser's Versuch, IX. 1. 45 ff. Du même, Beyträge, I. 471.
L'art. 2 du traité de commerce, conclu en 1786 entre la
France et la Grande-Bretagne; de Martens recueil, II. 681.
Comparez l'ordonnance danoise du 7 sept. 1813, publiée au
commencement de la guerre entre le Danemarck et la Suède,
dans la Gazette de Francfort, 1813, n° 275.

b) Vattel, liv. III, ch. 8, § 145—147. — Ceux qui ne sont point
en état de se défendre, les vieillards, les malades, les femmes,
les enfans, ont le plus de prétention à être ménagés par les
vainqueurs. Vattel, § 145. — Rarement oblige-t-on aujourd'hui les sujets de l'ennemi à quitter leur patrie et à se transplanter ailleurs. Moser's Versuch, IX. 1. 299.

c) P. e. les prêtres, les fonctionnaires publics, les médecins, les
chirurgiens, les fournisseurs, les vivandiers, les domestiques, etc. La loi de guerre met encore de ce nombre les quartier-mestres, et les navires, les tambours, fifres et trompettes
envoyés comme parlementaires, autant qu'il est possible de les
épargner, et qu'ils font signe à l'ennemi.

§ 248.

Ou bien par rapport à ceux qui font partie de la force armée.

Les hostilités sont immédiatement et principalement dirigées contre les individus de la force armée régulière de l'ennemi, contre les guerriers de toutes armes *a*). S'ils se comportent conformément à la loi de guerre *b*), ils peuvent prétendre à être traités à leur tour suivant cette même loi. Les troupes ennemies peuvent les attaquer et les poursuivre, et en cas de résistance ou de fuite, ou les blesser et même tuer, ou bien *c*) les faire prisonniers et les piller; en suite de quoi, ils sont, selon les circonstances, ou relâchés ordinairement sous promesse de ne plus servir dans cette guerre, ou jusqu'à une certaine époque, où ils sont conduits dans des dépôts de prisonniers de guerre.

a) VATTEL, liv. III, ch. 15. — Les soldats de police ne sont pas de ce nombre, ni les invalides ou vétérans non plus; mais bien ceux qui appartiennent à la *Landwehr* et au *Landsturm*, ainsi que les *armateurs* dans une guerre maritime. Comparez ci-après, § 267.

b) Il n'en serait point ainsi p. e. si de simples soldats, sans ordre eu permission de leurs chefs, ou sans être dans la nécessité de se défendre, exerçaient des hostilités; non plus, si des transfuges étaient entrés dans les troupes ennemies. VATEL, liv. III, ch. 8, § 144.

c) La loi de guerre exige de faire quartier à l'ennemi blessé et hors d'état de se défendre, et à celui qui, ayant quitté ses armes, se rend prisonnier. MOSER's Versuch, IX. 2. 251 f.

soront appelés *e*), s'ils recouvrent leur liberté
moyennant une rançon *f*), ou par un échange de
prisonniers *g*), s'ils sont enlevés de force, s'ils
parviennent à s'enfuir, ou enfin si la paix est faite.
Les officiers sont assez souvent relâchés sur parole *h*). Si un prisonnier s'est enfui, et qu'il soit
repris postérieurement comme combattant légitime, il n'est point puni ordinairement s'il est
simple soldat; s'il est officier, il vient souvent en
détention.

a) Moseu's Versuch, IX. 276. 311. 312. 314. 318. Rousseau
contrat social, liv. I. ch. 4. Bynkershouk quaest. jur. publ.
lib. I. c. 3., dans ses Operib. omn. II. 195. — Il serait contraire à la loi de guerre de tuer les prisonniers, même si
l'on était hors d'état de les nourrir et de les garder. Vattel.
l. c. §. 180. La Convention nationale de France décréta, en
1794, la mort de tous les prisonniers qu'on avait faits aux Anglais, aux Hanovriens, et aux Espagnols. Voy. le recueil de
M. de Martens §. 180. Le duc de York ordonna au contraire
de traiter avec humanité les prisonniers français, puisqu'il
n'était pas probable que ce décret barbare fût exécuté; en
effet il en fut ainsi. Politisches Journal 1794, Juin, p. 655.
La Convention révoqua même, le 30 décembre 1794, les décrets qu'elle avait rendus à cet égard. De Martens recueil, VI,
751. — Les peuples de l'Afrique font encore leurs prisonniers
esclaves; aussi en use-t-on de même envers eux. Bynkershouk
l. c. p. 196. — Sur les prisonniers chez des nations sauvages,
voyez J. Th. Roth's Archiv für das Völkerrecht, Heft I, S. 33
ff. Fischer's Geschichte des teutschen Handels, Th. I, S. 38.

b) Voyez des écrits sur les prisonniers de guerre, leur échange

§ 249.

Par rapport aux prisonniers de guerre en particulier.

La loi de guerre défend de maltraiter, de blesser, de tuer, de forcer à prendre service dans les troupes du pays, ou de faire esclaves *a*) les *prisonniers de guerre b*), à moins qu'ils ne se soient rendus coupables d'un grave attentat, p. e. de sédition, d'évasion, etc., ou que l'ennemi nous force à lui rendre la pareille. On peut prendre toutes les mesures convenables pour empêcher leur fuite, les garder de près, ou les conduire dans des provinces éloignées. S'ils manquent de moyens de subsistance, ces moyens doivent leur être fournis, ou du moins avancés *c*); ils sont obligés à leur tour à rendre des services utiles et convenables. Ils cessent d'être prisonniers de guerre aussitôt qu'ils entrent de leur propre volonté au service militaire ou civil de l'état au pouvoir duquel ils se trouvent, ou dès qu'ils se soumettent, de quelle autre manière que ce soit, à sa domination *d*); de même, s'ils sont mis en liberté, sous condition ou non, de ne plus servir pendant un certain temps, de ne plus prendre part du tout à la guerre, ou bien de se sister dans un endroit désigné aussitôt qu'ils

et leur racaht, dans v. OMPTED's Literatur, II. 644 ff., et dans
v. KAMPTZ neuer Lit., §. 3o5. — Voyez aussi VATTEL, liv. III,
ch. 8, §. 148 — 154. ch. 14, §. 217 — 221. MOSER's Versuch,
IX. 2, 250 ff. Jo. Ad. THANNER diss. de captivis in bello. Argent. 1685. rec. ib. 1714. et Francof. et Lips. 1742. 4. Theod.
SCHMALZ Annalen der Politik, (Berlin 1809), Heft I, num. 6.

c) MOSER's Versuch, IX. 2. 272.

d) MOSER a. a. O. S. 311.

e) F. C. v. MOSER's kleine Schriften, X. 67. MOSER's Versuch,
IX. 2. 382. — Cas particulier de 1756, ibid. S. 321 ff.

f) Jo. NIC. HERTIUS diss. de lytro. Giess. 1686. 4., et dans ses
Opusc. T. I. diss. 4. A. A. HOCHSTETTER diss. de pretio redem-
tionis. Tub. 1704. 4. Barth. TILESIUS de redemtione militum
captivorum. Regiom. 1706. 4. THANNER, l. c. cap. 4. C. G.
BIENEN pr. de statu et postliminio captivorum in bello, §. 7.

g) Jo. Friedem. SCHNEIDER diss. de permutatione captivorum.
Hal. 1713. 4. MOSER's Versuch, IX. 2. 388 ff. VATTEL l. c. §.
153. THANNER l. c. cap. 3. §. 5.

h) MOSER's Versuch, IX. 2. 369. R. F. STOCMEYER von der Los-
lassung eines Gefangenen auf sein Ehrenwort. Tübingen 1761.
8. — Sur la rédemption et l'échange des prisonniers, voyez ci-
après §. 274.

§ 250.

c) *Par rapport aux droits et aux propriétés de l'ennemi. Des droits
résultant d'un traité.*

Du nombre des moyens légitimes de nuire à
l'ennemi injuste, est aussi le droit de s'approprier,
en tant que le but de la guerre l'exige, les *biens* et

les *droits* de l'ennemi, nommément son territoire, de les détruire ou abolir, de les détériorer, d'en jouir, de les occuper enfin *a*) (*occupatio bellica*). Les *traités* antérieurs à la guerre, dont la validité pendant une guerre à venir aurait été expressément prévue et stipulée par les deux parties, ne cessent point d'être obligatoires (§ 152 et 165); ceux, au contraire, qui sont formés dans la supposition expresse ou tacite de relations amicales, finissent avec elles. Enfin quant aux traités qui n'appartiennent à aucune de ces deux espèces, le belligérant en juste cause peut s'en désister, s'il le juge convenable au but qu'il s'est proposé dans la guerre, en suspendre l'exécution, et même reprendre, autant que cela lui est possible, les prestations qu'il a déjà faites à leur accomplissement *b*).

a) Vattel, liv. III. ch. 9. C. H. K. A. v. Kramptz Beiträge zum Staats u. Völkerrecht, Bd. I (Berlin 1815. 8.), p. 181.

b) Voyez, sur ces principes souvent contestés, le §. 165. note a.

§ 251.

Fourrages, réquisitions, voitures, fournitures, contributions.

Le droit ci-dessus (§ 250) énoncé s'étend nommément sur les *fourrages a*), sur la *réquisition b*) des *voitures* nécessaires pour le service de l'armée, et des *fournitures* et *subsides* servant à son entretien, ainsi qu'à rembourser les autres frais de la guerre, sur les *contributions* (*tributa bellica*), particulièrement si elles sont données pour éviter le pillage et l'incendie, ce qu'on appelle mettre à feu et à sang *c*); en général ce droit exercé dans toute sa rigueur, autorise à s'approprier *tous les biens meubles* ou *immeubles* appartenant à l'état ennemi ou à ses sujets (§ 232 et 256).

---

a) Mich. Grassus diss. de eo quod justum est circa pabulatorias militum excursiones. Tubing. 1698. 4. Moser's Versuch, IX. 1. 383. Beytrage. III. 339.

b) Les réquisitions dans ce sens sont des demandes de quelques objets détaillés, faites dans la forme d'une invitation, mais poursuivies de force en cas de besoin. Washington, dans la guerre de l'Amérique, inventa l'expression et la chose. Depuis ce sont surtout les armées françaises qui en ont fait usage. Voy. Conversations-Lexicon (2. Ausg. Leipz. 1812 u. ff. 8.). v. *Requisitionen*. v. Schmalz europ. Völkerrecht, S. 340 f. v. Kamptz neue Lit., §. 294.

c) Conr. Vogel diss de lytro incendiario. Kilon. 1703. 4. F. E. Vogt diss. de eod. arg. Lips. 1719. 4. Vattel, liv. III, ch. 9. §. 164. Moser's Versuch, IX. 1. 383. Beytrage, III. 256. v. Omptzda's Lit. §. 305. v. Kamptz neue Lit., § 294. — Conventions entre la France et la Prusse, sur le payement d'une contribution de guerre de 140 millions de francs (limitée ensuite à 120 millions), en date du 8 sept. et du 5 nov. 1808; dans le recueil de M. de Martens, Supplém. V. 102. Traité de la

France avec l'Autriche, la Grande-Bretagne, la Prusse, et la Russie, conclu à Paris le 20 nov. 1815, par lequel (art. 4) la France s'engage à payer une contribution de 700 millions francs; ibid. VI. 692.

§ 252.

Principes mitigés, nommément par rapport à l'embargo mis sur les vaisseaux et les marchandises, aux capitaux, aux rentes, et aux paiemens d'intérêts.

Cependant la loi de guerre suivie en Europe adoucit sous différens rapports la sévérité de ces principes (§ 246). Beaucoup de traités de commerce (§ 152), ou des lois expresses *a*), permettent p. e. aux commerçans d'une nation ennemie, ou d'emmener et enlever librement, ou de vendre, dans un certain délai, les *marchandises* et les *vaisseaux* qu'ils ont au commencement de la guerre sur le territoire ou dans les parages de l'ennemi de leur gouvernement, ou qu'ils y auraient entrés plus tard, ignorant la guerre et sans qu'il y ait de leur faute. Quelquefois ces vaisseaux et marchandises sont arrêtés provisoirement *b*) (*embargo*), jusqu'à ce qu'on sache comment l'ennemi en use à notre égard. Suivant ses procédés, ils sont quelquefois confisqués et vendus. Rarement il est cependant porté atteinte aux *marchandises* trans-

a) Struck's rechtliche Bedenken; Bd. II. num 20. J. Bilmark s. resp. Guil. Ackermann diss. de dominio rerum in bello captarum. Aboae 1795 4.

b) Voyez Grotius, lib. III. c. 6. § 3. Vattel, liv. III. ch. 13; § 196, ch. 14. § 209. Confér. Bosh diss. cit. § 22. G. C. Krauss diss. de postliminio praesertim rerum mobilium. Viteb. 1763. 4. — Viennent dans la même catégorie les effets provenant originairement d'une puissance *neutre*, mais confisqués par l'une des puissances belligérantes, lorsque l'autre partie les lui a enlevés à son tour. Schmielin diss. de juribus et obligationibus gentium mediarum in bello, § 46.

c) De Steck essais sur divers sujets relatifs à la navigation et au commerce pendant la guerre, p. 73. Dé Martens essai concernant les armateurs, ch. 3, sect. 2.

d) Le droit romain en décide de même (§ 17 Inst. de rer. divis. L. 5. § 1. D. de capt. de postlim.), ainsi que le Consolato del mare, c. 287. Voy. de Martens essai, ch. 3. Vattel, liv. III, ch. 14, 208. Voyez, sur les prises des *armateurs*, le § 261 ci-après.

e) Le traité conclu en 1785 entre la Prusse et les Etats-Unis de l'Amérique a établi, art. 23, une exception digne d'éloges. De Martens recueil, II. 566.

f) Bynkershoek quaest. jur. publ. lib. I. c. 5. Krauss diss. cit. v. Martens Einleit. in das Völkerrecht, § 278.

§ 255.

Conquêtes.

Les biens *immeubles* de l'ennemi, ainsi que la *souveraineté* des provinces qui lui sont soumises,

terre, la propriété du butin par une détention de vingt-quatre heures *a*); de sorte que, ce terme écoulé, tout tiers peut les acquérir de lui à juste titre, et sans qu'il y ait lieu à des réclamations ou à l'exercice du *jus postliminii b*). La plupart des gouvernemens reconnaissent aujourd'hui le même principe, quant aux *prises* faites dans les guerres maritimes par les vaisseaux de guerre ou les armateurs *c*); cependant il y en a quelques-uns qui prétendent que la propriété de ce butin ne soit perdue pour celui sur lequel il est fait que lorsqu'il est remis en sûreté, c'est-à-dire sur le territoire appartenant au gouvernement du vaisseau ou armateur, ou dans un pays neutre, dans un port, ou à l'abri d'une escadre *d*). La rapine d'un ennemi illégitime, p. e. d'un maraudeur ou d'un pirate, ne jouit point de ces avantages. Les biens meubles appartenant à des particuliers, qui ne prennent point de part pour leur personne aux hostilités, sont exemptés par la loi de guerre, et ne peuvent point leur être ravis, à l'exception cependant des navires de commerce et de leur cargaison, qui sont de bonne prise pour les vaisseaux de guerre et les armateurs *e*). C'est d'après ces principes que le *jus postliminii* du propriétaire antérieur de choses mobilières conquises, doit être déterminé *f*).

généralement abandonné aux soldats qui l'ont conquis *b*). Aujourd'hui les monumens publics, les objets littéraires et des beaux-arts, le mobilier dans les châteaux, édifices et jardins appartenant au souverain ou à sa famille, ainsi que les choses servant au culte, ne sont ordinairement ni détruits ni maltraités *c*).

a) Bynkershoek quaest. jur. publ. lib. I. c. 4. Jo. Tob. Richter diss. de mobilibus privatorum inter arma captis aut alienatis. Lips. 1746. 4. v. Ompteda's Literatur, II. 643. v. Kamptz neue Lit., § 308.

b) Vattel, liv. I I, ch. 9, § 164. Jo. Jac. Bosn diss. de jure hostium in bello capiendi (Lugd. Batav. 1766. 4.), c. 4. § 14. sqq. Grotius, lib. III, c. 6. § 8. sqq. établit une distinction.

c) En 1815, les objets de cette espèce enlevés par les armées françaises, furent rendus à leurs anciens propriétaires. L. Völkel über die Wegnahme der Kunstwerke aus den eroberten Ländern. Leipz. 1798. 4. — Des écrits sur les choses servant au culte, voyez dans v. Kamptz neuer Lit., § 309.

§ 254.

Continuation.

Selon l'usage des gens établi en Europe, l'ennemi acquiert, dans les guerres qui se font sur

portées par le roulage ou sur des rivières, canaux,
ou lacs; on saisit plus souvent celles qui sont rencontrées en pleine mer, et surtout dans des vaisseaux ennemis (§ 253 et 260). La confiscation ou
la saisie des *capitaux*, que l'état ou ses sujets doivent au gouvernement ou aux particuliers ennemis, n'a pas non plus toujours lieu, pas même
l'arrestation des *rentes* ou paiemens d'*intéréts c*).

a) v. Martens Einleit. in das Völkerrecht, §. 263, Note a et b.

b) Moser's Versuch, IX. 1. 51 ff. Vattel, liv III, ch. 5. §. 73. 74.
   ch. 9, §. 165. Encyclopédie méthodique; Diplomatique, T. II.
   p. 258. sqq. v. Embaigo. De Martens recueil, supplément, II.
   373. II. 452.

c) Bynkershoek quaest. jur. publ. lib. I. c. 7. Emérigon traité
   des assurances, T. I. p. 567. sqq. Moser's Versuch, IX. 1. 300
   ff. 351. Schmalz l. c. p. 241 et suiv. Comparez ci-après, § 258,
   note a.

§ 253.

Butin.

Il peut être pris, comme *butin* (*praeda*), sur les
armées, les vaisseaux de guerre et les armateurs
ennemis, de force ouverte ou cachée, tout ce qu'ils
possèdent de biens *mobiliers a*). Ce butin appartient, d'après le droit des gens naturel, au gouvernement faisant la guerre; mais aujourd'hui il est

peuvent également être occupés par ce qu'on appelle la *conquête a*) (*occupatio bellica*). Dans les provinces ainsi conquises, le conquérant prend la place de l'ancien gouvernement, dans l'exercice des droits de souveraineté, et dans la jouissance des propriétés de son ennemi *b*). Cependant ce n'est point le fait de la conquête qui donne le droit de s'attribuer la *propriété* des choses occupées, ou la souveraineté du pays *c*). Ce droit n'appartient, selon le droit des gens *naturel*, qu'au belligérant en juste cause (§ 237), et seulement en tant que le but de la guerre l'exige. La conquête n'est pour lui qu'un moyen de réaliser son droit, ou de se procurer ce qu'un juge commun, s'il y en avait un, aurait adjugé à la juste cause. Il peut se prévaloir de son droit, sans qu'une protestation quelconque, soit du souverain ennemi ou de quelqu'un de sa famille, soit de ses protecteurs, amis, alliés ou sujets, puisse avoir aucun effet contraire. Si l'ennemi injuste se refuse constamment à reconnaître par un traité de paix la cession des objets conquis, la conquête n'en est pas moins légitime; le droit d'ailleurs constant du conquérant, de se procurer entière satisfaction pour le passé et parfaite sûreté pour l'avenir, ne pouvant nullement dépendre de sa volonté. La légitimité incontestable de la contrainte tient alors lieu du con-

sentement du vaincu, que celui-ci n'a pas le droit
de refuser.

a) Bynkershoek quaest. jur. publ. lib. I. c. 6. Vattel, liv. III,
ch. 13, § 197 et suiv. Moser's Versuch, IX. 1. 296. J. F. Meer-
mann von dem Rechte der Eroberung. Erfurt 1774. 8. Rechtliche Bemerkungen über das Recht der Eroberung und Erwer-
bung im Kriege. 1814. 8. v. Omrteda's Lit., II. 641 f. v. Kampts
neue Lit., § 306 f.

b) Vattel, l. c. § 197, 198, 199, 201, 202. Grotius, lib. III,
c. 8. § 3. Schmalz europ Völkerrecht, S. 239.

c) Jo. Zach. Hartmann orat. de occupatione bellica adquirendi
dominium non modo. Kilon. 1730. 4. C. G. Strecker, s. resp.
G. C. Thilo diss. de modis adquirendi per ocupationem bel-
licam, deque eo quod circa eam justum est. Erf. 1762. 4. Aussi
dans C. F. J. Schorch opusc. varii arg. (Erford. 1791), n. II.
— Il y a des auteurs qui soutiennent que le conquérant ob-
tient déjà par l'occupation le droit de propriété même. Voyez
v. Kamptz Beytrage zum Staats- u. Völkerrecht, Bd. p. 181 et
suiv., et Vattel dans son droit des gens, T. II, ch. 13, § 195.
Ce dernier soutient que, par les dispositions du droit des gens
volontaire (v. ci-haut, § 1, not. c), toute guerre en forme
(§ 237, note a), quant à ses effets, est regardée comme juste
de part et d'autre; que par conséquent toute acquisition faite
dans une telle guerre est valide; qu'une telle conquête a été
constamment regardée comme un titre légitime; et qu'on n'a
guère vu contester ce titre, à moins qu'il ne fût dû à une
guerre non-seulement injuste, mais destituée même de pré-
textes.

§ 256.

Continuation.

Selon les *principes aujourd'hui suivis en Europe;* la seule perte de la possession par le sort des armes ne peut éteindre la propriété. Il s'ensuit que le conquérant, quoique exerçant les droits de souveraineté et jouissant des propriétés de son ennemi, ne peut pas se les approprier, ni en disposer en faveur d'un tiers, à moins qu'un traité de paix ne lui en ait conféré le droit. Si donc des provinces ou des biens immeubles de son ennemi restent en son pouvoir jusqu'à la paix, celle-ci décide s'ils lui appartiendront définitivement, et sous quelles conditions *a*); elle décide également de la validité des aliénations intermédiaires de tout ou partie des conquêtes *b*). Quant à la propriété et à la possession des immeubles appartenant aux *particuliers* qui n'ont pas contrevenu aux lois de la guerre, la conquête du pays n'y change rien *c*), suivant la loi moderne de la guerre.

a) Pufendorf de J. N. et G. lib. VIII. c. 6. § 17. Vattel, liv. III, ch. 3, § 197. sq. 212. Bynkershoek l. c. Burlamaqui principes du droit politique, P. IV, ch. 7, § 20, p .389. (édit. 1785. 8.)

Jo. Jac. Boss diss. cit. c. 5. § 20. sqq. D. E. de Soria diss. de
bonorum finito bello restitutione. Vienne 1747. 4. v. Ompré-
da's Literatur, II. 641 f.

b) Moser's Versuch, IX. 2. 25. Vattel, liv. III, ch. 13, § 198.
Comparez ci-haut § 232, 246, 251, et 252.

c) Vattel, l. c. § 200. Grotius, lib. III. c. 6. § 1.

§ 257.

Des conquêtes regagnées par l'ennemi. De ce qu'on appelle jus postliminii.

Les droits du conquérant aux *immeubles* conquis de toute espèce, cesse non-seulement lorsque
ces derniers sont abandonnés ou restitués dans la
paix, mais aussi lorsqu'ils sont *reconquis* par l'ennemi ou par ses alliés *a*) (droit de recousse, *jus recuperationis*). Ordinairement ils rentrent alors, *vi
juris postliminii*, si ce droit est invoqué, dans la propriété et possession antérieures *b*), la seule perte de
possession, occasionée par les événemens de la
guerre, ne pouvant éteindre la propriété. Cette règle est d'une application générale, quelle que soit
l'époque de la conquête, que l'objet après être reconquis soit conquis une seconde fois par l'ennemi, que
la guerre soit juste ou injuste du côté de celui qui a
regagné sa propriété, que le particulier propriétaire
enfin jouisse lui-même de sa liberté, ou qu'il soit
prisonnier de guerre chez l'ennemi *c*); il n'y a

qu'une seule exception, c'est lorsque le propriétaire a trahi sa patrie *d*). Les effets du *jus postliminii* peuvent être suspendus, par l'incertitude de
savoir s'il est fondé ou non dans le cas échéant *e*).
Pour ce qui regarde la *souveraineté* et la *constitution* de l'état, ainsi que les *priviléges*, les anciens
droits rentrent pleinement en vigueur.

a) Bynkershoek quaest. jur. publ. lib. I. c. 4. De Steck essais
sur plusieurs matières (1990), n° 7. Jo. Neander diss. de
jure recuperationis. Lugd. Goth. 1740. 4. v. Kamptz neoe
Lit., § 312.

b) Voyez sur le *jus postliminii*, ci-haut § 254, et ci-après § 270 et
328. Bynkershoek quaest. jur. publ. lib. I. c. 16. Vattel,
liv. III, ch. 14. Leyser medit. ad Pandect. Spec. 659. v. Ompteda's Lit., II. 671 f. v. Kamptz neue Lit., § 313. — Sur la
définition, voy. Paulus, dans L. 9. D. de captivis et jure postliminii. Majansius disp. de postliminio, § 14. sqq. Menagius
amoenit jur. civ. c. 39. — Les principes du droit des gens éta-
blis, nous n'avons plus besoin de recourir à la *fiction* du droit
romain, qui regardait les personnes ou les choses regagnées
sur l'ennemi comme n'ayant jamais été en son pouvoir. — Sur
la question de savoir si l'on peut regarder comme conquête
sur Napoléon, des pays (recouvrés) non cédés par le souverain légitime, voyez mes Acten des wiener Congresses, Bd. IV,
p. 10, 24, 29 et 30.

c) C. G. Biener pr. de statu et postliminio captivorum in bello
solenni imperii cum gente extranea. Lips. 1795. 4. Vattel,
§ 210. 211. 217 et suir.

d) Vattel, § 210.

e) Biener, l. c. § 5.

§ 258.

De la validité des actes du gouvernement dans un pays conquis, ce pays
rentré sous la domination de son anc'en souverain. Règle.

Nous posons en principe que, le souverain légitime rentré, par le sort des armes, ou d'une autre
manière indépendante de la volonté du conquérant,
dans la possession d'un pays qui lui avait été enlevé
dans une guerre, n'est *point* obligé de tenir vala-
bles *a*) les actes de gouvernement du conquérant
ou de son successeur *b*), le simple fait de la conquête ne pouvant servir de titre *c*).

a) Les *cas* dont il s'agit, sont à peu près : les aliénations du territoire de l'état; celles du domaine public (*patrimonium reip. pu-
blicum*), notamment des domaines proprement dits, des fiefs
dévolus au domaine, du trésor public, de joyaux de la couronne, des dettes actives de l'état (sur celles-ci voyez Quinc-
tiliani inst. orat. lib. V, c. 6. Pufendorf de jure nat. et gent.
liv. VIII. c. 6, § 23. Paix de Westphalie, J. P. O. art. IV. § 47.
C. H. K. A. v. Kamptz Beiträge zum Staats-u. Völkerrecht,
Bd. I, no 9, § 4-8, et ci-haut § 252); des titres et prétentions
publics; l'encaissement des créances échues ou non échues;
l'autorité souveraine employée à forcer les sujets de l'état à
concourir aux charges publiques, soit par des services réguliers
ou extraordinaires, soit par la solution des impôts, soit enfin
par la concurrence à des emprunts forcés employés ou non au

profit de l'état (*versio in rem*); l'abolition de la servitude et des
droits féodaux; la distribution des emplois publics, et les ré-
munérations assignées aux fonctionnaires en conformité ou
non avec la constitution de l'état et l'administration régulière.
— Pour décider de ces différens cas, il faut recourir, tantôt
aux principes du droit des gens, tantôt à ceux du droit public
proprement dit, tantôt à ceux du droit privé, positif et naturel (§ 2 et 141, note c).

b) Les opinions des auteurs sont très-divergentes à cet égard.
Comparez p. e. Cicero de officiis, lib. II. c. 23. Sam. de Coc-
ceii diss. de regimine usurpatoris, rege ejecto. Francof. ad
Viadr. 1702. 4. Mes Acten des wiener Congr., Bd. IV, S. 149 ff.,
156 ff., 167 ff., 187 ff. Ansichten, ob die Regierungen der dem
Königr. Westphalen ohne Abtretung einverleibt gewesenen
Länder, die zwischen der westphal. Regierung u. einzelnen Pri-
vatpersonen entstandenen Rechtsverhältnisse anzuerkennen
verpflichtet sind? Braunschw. 1815. 8. C. S. Zachariae über die
Verpflichtung zur Aufrechthaltung der Handlungen der Regierung des Königreichs Westphalen, etc. Heidelberg 1816. 8.
Henr. Theoph. Reichardt commentatio, principes germanici
collapso Westphaliae regno terris suis redditi, quatenus do-
mania durante occupatione hostili alienata revocare possint.
Gerae 1817. 8. Aufruf der westphal. Domanenkäufer in Kurhessen, an die verbündeten Mächte u. die Fürsten des teutschen Bundes. Germanien 1817. H. W. Schulz üb. d. Nothwen-
digkeit der Aufrechthaltung der westphal. Domanenkäufe in
Kurhessen. Frankf. 1818. 8. Du même, über die Unrechtmäs-
sigkeit der von Kurhessen gemachten Ansprüche auf völlige
Wiedereinsetzung in den vorigen Stand. (*Sine loco*) 1818. 8.
W. J. Behr's Erörterung, in wie fern ist der Regent eines
Staats an die Handlungen seines Regierungsvorfahrers gebun-
den etc. (Bamberg 1818. 8.), S. 52—144. Allgemeiner Anzeiger der Deutschen, 1816, no 285 et 333; 1817, no 81 et 86.
Westphalus Eremita, dans le journal de Hambourg intitulé:

Deutscher Beobachter, du 22 sept. 1818. Ueber Teutschlands
Zustand etc. (par M. de GAGERN, à Stuttgart 1818. 8.), p. 83-91
v. KAMPTZ dans le livre allégué. SCHMALZ europ. Wolker-
recht, S. 267.

§ 259.

Exceptions de cette règle.

Il y aura cependant exception de cette règle :
1° Si le souverain légitime a *reconnu* le gouvernement intermédiaire , par une paix antérieure ou
postérieure, ou bien s'il a *accédé* à quelque acte
spécial du conquérant, soit par une simple déclaration explicite ou implicite de sa volonté, soit
par un traité conclu avec lui ou avec une tierce
puissance.

2° Si un pareil acte a été sanctionné par les principes de la *constitution* ou de *l'administration* anciennes et légitimes.

3° Si, sans être sanctionné par cette constitution
ou administration, un pareil acte a été d'ailleurs
nécessaire, ou éminemment *utile*.

4° Si le conquérant a *usé de son pouvoir*, pour
exiger d'un individu, sujet de l'état ou étranger,
le paiement d'une dette vis-à-vis de l'état, ou une
prestation quelconque, en l'obligeant par exemple
à se soumettre à une obligation conventionnelle *a*).

Du même, Grundriss des Handelsrechts (2. Aufl. 1805. 8.),
§ 223-237.

c) BYNKERSHOEK l. c. c. 17. MOSER's Versuch , IX. 2. 73 ff. Corn.
MOLL diss. de jure piratarum. Traj. ad Rhen. 1737. 4. F. HER-
MANN über die Seerauber im Mittelmeer und ihre Vertilgung.
Lübeck 1814. 8. Ordonnance danoise concernant les corsaires,
du 27 août 1813. Mémoire de sir SIDNEY SMITH contre les pi-
rateries des états Barbaresques, présenté au congrès de Vienne;
dans mes Acten des wiener Congresses, Bd. V. S. 528 ff. Voyez
aussi mon Uebersicht der diplomatischen Verhandlungen des
wiener Congresses, S. 36 f. v. KAMPTZ neue Lit., § 288. —
Quelquefois cependant l'expression de *corsaire* est synonyme
avec celle d'armateur, p. e. dans le troisième article du décret
rendu en 1807, le 17 décembre, par Napoléon contre le commerce anglais.

§ 261.

Continuation.

Les armateurs sont sous les ordres des amiraux
de leur souverain ; il leur est défendu de prendre
des vaisseaux ou navires munis de passe-ports de
ces amiraux. Ils doivent se conformer à la loi de
guerre , et aux règles et instructions qu'ils ont re-
çues pour la course. Ils sont ennemis légitimes,
tel que dans la guerre sur terre le soldat qui peut
s'approprier ce qu'il prend sur l'ennemi. Ils doivent
respecter le territoire maritime des nations neu

seaux ou navires ennemis. Les armateurs se distinguent non-seulement des *croiseurs* (*Kreuzer* ou
Kreuzfahrer), qui sont armés immédiatement par
l'état, ordinairement pour observer les ports et
les vaisseaux ennemis, mais aussi des *pirates* ou
corsaires (écumeurs de mer, *Seeraeuber*, *piratae*,
praedones maritimi) qui, sans être autorisés par
aucun gouvernement, exercent sur mer le métier
de voleurs, et sont par conséquent coupables *c*).

a) Voyez une *lettre de marque* donnée en 1793 par le gouvernement français, dans le recueil de M. de MARTENS, VI. 754 ;
une autre donnée par le roi de Prusse en 1756, dans BEHMERI
nov. jure controvers. T. I. p. 16 ; et ibid. p. 17, l'*instruction*
d'un armateur prussien ; une pareille instruction pour un armateur anglais, dans le recueil précité, V. 264, 269, 272. —
Un armateur portant de doubles lettres de marque, c'est-à-dire
de l'une et de l'autre des puissances belligérantes, pour s'en
servir contre toutes les deux et leurs sujets, doit être regardé
comme *pirate*.

b) Voyez sur les armateurs BYNKERSHOEK quaest. jur. publ.
lib. I. c. 4. 5. 17-20. VATTEL, liv. III, ch. 15, § 229. SUR-
LAND's europ. Seerecht, S. 82 f. MOSER's Versuch, IX. 2. 51-
63. Beyträge, I. 486 ff. BOSE diss. cit. § 17. sq. S. F. WILLEN-
BERG tr. de eo q. j. e. circa excursiones maritimas, vom Recht
der Caperey. Gedani 1711. 4. et très-augmenté ib. 1726. 8. et
1733. 8. G. F. de MARTENS essai concernant les armateurs, les
prises, et surtout les reprises. A Goett. 1795 8., et en langue
allemande portant le titre : Versuch über Caper, feindliche
Nehmungen und Wiedernehmungen, nach den Gesetzen, Verträgen und Gebräuchen der europ. Seemächte. Gött. 1795. 8.

1814, et interprétation authentique de cette ordonnance, du
31 juillet 1818. Les déclarations du ministère de justice prussien, en date de Belin, le . . octobre et le 27 déc. 1817, et les
écrits indiqués dans v. v. KAMPTZ neue Lit. des Volkerrechts,
S. 346 ff. — Sur la vente des domaines de la principauté de
Fulda et du comté de Hanau, il a été statué dans l'acte final du
congrès de Vienne art. 41 et 103, dans les actes du congrès de
Vienne sus-mentionnés, T. VI. p. 49 et 86.—Le roi d'Espagne,
dans une lettre de cabinet signée au mois de juin 1817, déclara
nuls les paiemens faits au gouvernement usurpé (du roi Jo-
seph) pour des biens ecclésiastiques vendus sous le règne du
roi Charles IV, à moins que les acquéreurs ne prouvent qu'ils
ont été forcés à payer. — Le pape a assuré aux possesseurs la
conservation des acquisitions qu'ils ont faites des biens dits na-
tionaux, sous le gouvernement français. Voyez son édit du
5 juillet 1815, le *Motu proprio* du 16 juillet 1816, et la notifi-
cation du cardinal secrétaire d'état datée du 15 nov. 1817.

c) « *Petitor ex aliena jactura lucrum facere non debet.* » PAULUS
in L. 38. D. de hered. petit.

§ 260.

Des armateurs, des croiseurs, et des pirates.

Un moyen légitime de nuire à l'ennemi est encore celui d'autoriser par des lettres patentes ou
de marque a) (*litterae marcae*) des particuliers,
appelés alors *armateurs* b) (*praedatores maritimi*), à équiper et armer pour leur compte des
bâtimens (câpres), pour faire la guerre aux vais-

La prestation sera alors censée avoir tourné au profit de l'état, et particulièrement le souverain légitime ne pourra annuler les stipulations passées à cet égard qu'en indemnisant la partie contractante, en lui offrant par exemple une réluition parfaite et entière, sauf toutefois son recours contre l'usurpateur. Il en sera de même lorsque,

5° le prix ou l'objet d'échange, fournis au gouvernement intermédiaire, ont effectivement tourné *au profit de l'état* (*versio in rem*) *b*).

Du reste, si l'acquéreur a fait des *améliorations* réelles dans la chose qu'on veut lui faire rendre, il peut exiger d'en être indemnisé *c*).

a) Des prestations faites, ou des obligations conventionnelles passées de libre volonté et sans contrainte, sont comprises dans la règle du paragraphe précédent.

b) Ces questions ont été souvent agitées, lors des changemens effectués par les conquêtes de Napoléon et par sa chute, dans les royaumes de France, d'Espagne, de Sardaigne, et de Naples, dans les états du Saint-Siége, dans les électorats d'Hanovre et de Hesse, dans le duché de Brunswic, dans celui d'Oldenbourg, etc. — Voyez particulièrement sur les domaines aliénés, et sur les dettes contractées par le ci-devant roi de Westphalie, les Acten des wiener Congresses (publiés par moi), T. IV, p. 148, 156 et 167, et T. V. p. 10 et suiv., 24, 19 et 30, ainsi que les Protocoles de la diète de la Confédération Germanique, en date du 6 février, 13 et 17 mars, 14 (§ 347 et suiv.) et 17 juillet 1817, du 30 juillet, 13 août, 10 sept. et 12 oct. 1818. Ordonnance de l'Electeur de Hesse, du 14 janvier

tres, et ne peuvent y commettre des hostilités. Leur butin n'est regardé comme leur propriété qu'autant qu'ils l'ont amené dans un port de leur pays, d'un allié, ou d'une puissance neutre, et qu'il est outre cela déclaré de bonne prise par la sentence d'une cour d'amirauté, d'un tribunal des prises ou maritime *a*). Des règlemens exprès déterminent si l'armateur recevra dans telle ou telle circonstance une prime, et de combien elle sera, si l'état partagera la valeur de la prise, et quelle sera sa part, la quote-part qui sera réservée au capitaine du bâtiment, la caution qui sera fournie par l'armateur pour prévenir des abus, etc. Il est presque généralement défendu aux armateurs de relâcher, sans autorisation spéciale, les captures qu'ils ont faites, même contre une rançon *b*). Une prise peut retomber entre les mains de l'ennemi, de ses vaisseaux de guerre, ou des bâtimens armés par des particuliers ; on l'appelle alors *reprise*. En vain plusieurs puissances ont proposé d'abolir les armateurs *c*), et d'assurer aux objets de commerce appartenant à des particuliers, la même liberté et sûreté dont ils jouissent presque généralement sur terre.

a) Traité sur les prises maritimes, et sur les moyens qui doivent concourir pour rendre ces prises légitimes ; par M. le chev. d'ABREU. Paris 1758. 8. (C'est une traduction tirée de l'espa-

gnol ; voy. Nübner dans la préface de son ouvrage intitulé :
De la saisie des bâtimens neutres. à la Haye 1759. 8.) Moser's
Versuch, IX. 2. 59 : Règlement du roi de Danemarck concernant l'armement en course, et la manière de traiter les prises,
du 28 mars 1810 ; dans le recueil de M. de Martens, Suppl.
V. 429. Supplément à ce décret, ibid. 505. — A qui appartiendront les prises faites par un bâtiment non pourvu de
lettres de marque ? Voyez Bynkershoek l. c. lib. I. c. 20. Bozk
l. c. § 18.

b) De Martens essai etc., ch. 2. § 23. De Stfck essais sur divers
sujets relatifs à la navigation et au commerce pendant la guerre,
p. 50.

c) La Prusse et les Etats-Unis d'Amérique se sont engagés, par
un traité, de ne point autoriser d'armateurs, en cas d'une
guerre entre eux.

§ 262.

Dévastation.

Quoique le droit des gens naturel ne défende
point au belligérant en juste cause de dévaster et
de piller le territoire de l'ennemi, en tant que le
but de la guerre l'exige, ces usages n'en sont pas
moins désapprouvés par la loi de guerre établie en
Europe. Ce n'est que par exception que la *dévastation* est tenue loisible, dans des contrées, ou relativement à des bâtimens ou établissemens
dont les opérations militaires exigent impérieu-

§ 263.

Pillage.

Piller les habitans paisibles, ainsi que la fortune particulière et les châteaux du souverain ennemi a), n'est tenu loisible qu'en cas de nécessité, et comme talion, lorsque l'ennemi a violé les lois de guerre, que les habitans se montrent séditieux et rebelles, et lorsqu'une forteresse est prise d'assaut b). Des maraudeurs c), partis-bleus ou chenapans qui se permettent de piller, ne sont non-seulement punissables, mais il est même permis aux habitans de s'en défaire moyennant une résistance proportionnée. Il en est de même des excès ou fautes de discipline commis par des troupes régulières d), des partisans e), et des corps de volontaires.

a) Moser's Versuch, IX. :. 159 ff. Beytrage, II. 319 ff.

b) Moser's Versuch, IX. 2. 143. Beytrage, II. 70 ff. 83 ff.

c) Moser's Versuch, IX. 2. 63 — 73.

d) Moser's Beytrage, II. 82 — 118.

e) Moser's Versuch. IX. 2. 49 ff. Du même, Grundsatze des europ. Volkerrechts in Kriegszeiten (Tub. 1752. 8.), Anhang, von Parteigängern, S. 344 ff. — Dans le cas échéant, il importe de distinguer les excès réellement commis, des plaintes souvent mal fondées des habitans.

sement le ravage ou la ruine. Il en peut être
ainsi des forteresses et autres fortifications et de
leurs environs, des ponts, des magasins, des
fabriques d'armes, des moulins à poudre, des
fonderies de canon *a*), jusqu'aux villes, villages
et autres habitations, aux jardins, vignes, champs,
prés et forêts, enfin à tout ce qui peut fournir
des ressources à l'ennemi, lors d'une retraite dan-
gereuse, ou lorsqu'il est essentiel de le chasser ou
de le manœuvrer hors de ses positions, de former
un camp ou de faire des fortifications et des re-
tranchemens; de même si les habitans du pays
prennent une part immédiate aux hostilités, ou
qu'ils montrent un mauvais esprit, dans le paiement tardif des contributions de guerre, par
exemple *b*). La dévastation et le pillage peuvent
aussi être ordonnés par rétorsion.

a) Vattel, liv. III, ch. 9, § 166 — 173. Voy. ibid. § 167 de ce
qu'on appelle mettre à feu et à sang. — Du rasement des forteresses, ibid. § 170.

b) Conférez les maximes déclarées lois de guerre par la Grande-
Bretagne, dans sa première guerre avec les États-Unis d'Amérique, dans le Précis du droit des gens, par M. de Martens
(édit. 2), § 280, note f.

gés, le désarmement ou l'expulsion des habitans de
la ville, le bombardement(l'ouverture des tranchées)
avant lequel les assiégés doivent cependant avoir
été sommés au moins une fois de se rendre *c*), et
pendant lequel on arrête ordinairement dans l'in-
térieur de la place les horloges et fait taire les clo-
ches, les trêves arrêtées pour ramasser les blessés
et enterrer les morts, ou bien aussi pour traiter
d'une capitulation, les sommations de la place qui
ne doivent point porter menace au commandant
du dernier supplice *d*), etc.; enfin la place peut
être délivrée par une armée, ou la garnison peut
se sauver l'épée à la main. Souvent lorsqu'une ville
est prise d'assaut, on permet aux soldats de piller,
mais jamais de mettre le feu à la ville, de maltraiter
ou de tuer les habitans qui n'ont point pris part à
la défense *e*).

a) Moser's Versuch, IX. 2. 85 ff. v. Kaalptz neue Lit., § 296.

b) Vattel, liv. III, ch. 9, § 170. Moser a. a. O., S. 87.

c) Moser's Versuch, IX. 2. 136 ff. — On tâche ordinairement
d'épargner les maisons particulières et les édifices publics, et
de ne diriger le canon que sur les ouvrages et les magasins.
Vattel, liv. III, ch. 9, § 169.

d) Vattel, liv. III, ch. 8, § 143.

e) Moser's Versuch, IX. 2. 143 ff.

§ 266.

Pour atteindre le but proposé de la guerre, on emploie, outre la force ouverte, les armées et les ressources matérielles, entre autres les ruses de guerre et les espions. Il est loisible d'induire l'ennemi par des *ruses de guerre a*) (*stratagemata heuremata bellica*), pourvu qu'on ne lui ait pas promis expressément la bonne foi, ou que la loi de guerre ne l'exige dans un cas particulier *b*). S'instruire par des *espions* (*exploratores*) de la situation et des desseins de l'ennemi, n'est contraire ni au droit des gens naturel, ni à la loi de guerre *c*); cependant ils sont traités avec beaucoup de rigueur, s'ils tombent dans les mains de l'ennemi. Les *transfuges* et *déserteurs* de l'ennemi peuvent être reçus dans l'armée, mais s'ils sont repris par les troupes ennemies, ils ne jouissent pas pour cela des prérogatives des prisonniers de guerre *d*).

---

a) Treuer ad Puffndorf, de officio hominis et civis, lib. II. c. 16. § 5. Vattel, liv. III, ch. 10, § 178. Moser's Versuch, IX. 2. 464 ff. Jac. Aug. Frankenstein diss. de dolo in bellis licito. Lips. 1721. 4. Joly de Mezeroy traité des stratagèmes permis

à la guerre. Metz 1765. 8. v. Ompteda's Lit., § 3o8. v. Kamptz
neue lit., § 291.

b) Comme il est d'usage p. e., qu'un vaisseau de guerre arbore son
vrai pavillon avant de s'engager dans un combat.

c) W. H. Bruckner diss. de explorationibus et exploratoribus.
Jen. 1700. rec. 1744. 4. Laur. Lund, Hafniensis, diss. de spe-
culatore. Jo. Henr. Moller diss. de speculatoribus (Traj. ad
Rhen. 1771. 4.), cap. 2. § 3. Hannóv. gel. Anzeigen, 1751,
S. 383 ff. Vattel, liv. III, ch. 10, § 179. De Felice leçons du
droit des gens, P. II. T. II, p. 199. Moser's Versuch, IX. 2.
466 f. VI. 45. Encyclopédie méthodique; Diplomatique, T. III,
p. 333-335. Straube's rechtl. Bedenken, Th. III, Num. 33.
v. Martens Erzählungen, Th. I, Num. 15. v. Kamptz Beytrage zum Staats- u. Völkerrecht, Bd. I (Berlin 1815. 8),
p. 63-94. Schmalz europ. Volkerrecht, S. 135 ff. — Parfois y
a-t-il des espions *doubles.*

d) Vattel, liv. III, ch. 8, § 144. Moser's Versuch, IX. 2.
441-451.

§ 267.

—

Combattans.

Comme *combattans* peuvent prendre part aux
opérations militaires, et sont traités, s'ils se con-
duisent comme il faut, suivant la raison de guerre *a*),
non-seulement toutes troupes réglées, propres et
auxiliaires, et les vaisseaux de guerre, mais aussi
tous les corps-francs, partisans et armateurs autorisés par l'état, les gardes nationales ou milices *b*),

tous les guerriers commandés par une levée en masse *c*) pour la défense de la patrie *d*), les vassaux, les chasseurs appelés aux armes *e*), les volontaires *f*), les sujets qui, par ordre exprès ou supposé du gouvernement, prennent la défense d'un endroit seulement *g*), p. e. les habitans d'une ville ou d'une forteresse, pourvu qu'ils se bornent à cette défense, enfin ceux qui ne prennent les armes que par nécessité, et pour leur propre défense. Quiconque prend une part active à la guerre sans appartenir à une des classes ci-dessus, peut être traité, s'il est fait prisonnier, en ennemi illégitime, et non suivant la loi de guerre.

---

a) Voy. Vattel, liv. III, ch. 15. Pufendorf de J. N. et C. lib. VIII. c. 6. § 21. C. L. Scheid diss. de ratione belli, § 46. Comparez ci-haut, § 245-249.

b) Moser's Beytrage, III. 6. ff., et son Versuch, IX. 1. 267. — Sur les *partisans*, voyez J. J. Moser's Nachträge zu den Grundsätzen des Völkerrechts in Kriegszeiten. 1750. 8.

c) Dans le moyen âge on appelait ces levées en masse : *cris d'armes*, *Landschreye*, *Landhude*, *Lundwehre*. Voyez mes Anmerkungen, zu Sainte-Palaye vom Ritterwesen, Th. II, S. 150 ff. — Voyez un exposé intitulé: Ueber stehende Heere und Landesbewaffnungen, dans v. Archenholz Minerva, 1807, Sept., S. 385 ff.

d) Exemples de levée en masse. Voy. Moser's Versuch, IX. 1. 206 ff. Beytrage, III. 6. 9 ff. De Martens recueil, VI. 749. Des

exemples en Allemagne, de 1794, 1795, 1797, 1799, 1800 et
1809, et en Russie 1812. '

e) Mosrn's Beytràge, III. 9.

f) Mosrn's Versuch, IX. 2. 434-441.

g) Vattel, liv. III, ch. 15, § 228.

§ 268.

e) Secours des puissances étrangères.

On combat encore l'ennemi à l'aide du *secours*
prêté par les puissances étrangères *a*). Tout tiers-
état y est autorisé, selon les principes du droit
des gens naturel, s'il est convaincu, sans enquête
de juge, dont il n'a pas le droit, des torts de la
partie adverse *b*). C'est pour cette raison que, dans
tous les traités qui promettent secours ou subsides, qu'ils soient conclus durant la guerre même
ou avant (§ 149), la condition que la guerre soit
juste est absolument essentielle, même quand
elle ne serait que tacitement subsumée.   •

a) Mosrn's Versuch, X. 1. 1 ff. v. Ompteda's Lit, II. 585.
v. Kamprz neue Lit, § 267.

b) Comparez plus haut, § 233, et Vattel, liv. III, ch. 6, § 83
et suiv.

§ 266.

Continuation.

L'obligation de prêter les secours stipulés dépend dans son exécution de ce que le *cas d'alliance*
(*casus foederis*) existe ou n'existe pas *a*). Il ne
vient jamais dans une guerre injuste. Mais souvent
manquent les données nécessaires pour juger en
connaissance de cause de cette injustice, et dans
ce cas la présomption du juste et de la bonne foi
décide aussi entre des états indépendans (§ 237).
L'état allié est donc de bonne foi, et a le droit,
aussi bien que l'obligation, de prendre part à la
guerre aussitôt que, d'après les indices qui sont à
sa connaissance, il ne la reconnaît point pour injuste. Il prend réellement part à la guerre par les
secours qu'il prête à la puissance belligérante,
donc il devient *ennemi* de la partie adverse *b*).
Cependant l'usage établi entre les nations de l'Europe ne le reconnaît tout-à-fait pour tel que
lorsqu'il emploie tous ses moyens à faire la guerre;
s'il ne donne qu'une partie de ses troupes, etc., ce
n'est que s'il les a promises durant la guerre même
qu'il devient ennemi *c*).

a) Ce ne sont point ici les stipulations expresses du traité d'alliance seules qui décident, mais aussi ses conditions tacites, celles p. e. qu'il ne serait point porté préjudice aux droits conventionnels antérieurs d'un tiers, sauf les propres besoins, etc. Il ne faut donc point s'étonner de ce qu'il est si souvent porté plainte pour des secours refusés, retardés, ou donnés incomplètement. Voy. Moser's Versuch, X. 1. 43-55.

b) Galliani's Recht der Neutralität, S. 144 ff. — D'autres auteurs distinguent le cas où les secours ont été promis durant la guerre, et celui où ils l'ont été avant. Schröder elem. juris nat., socialis et gent. § 1131. Höpfner's Naturrecht, § 234. Note 5.

c) Moser's Versuch, G. 1. 144. C. F. de Bruckwitz diss. de auxiliis hosti praestitis more gentium hodierno hostem non efficientibus. Hal. 1747. 4. — Avis du conseil intime de l'electeur saxon de 1747, dans Moser's Versuch, VIII. 181. Recueil du comte de Hertzberg, I. 8. v. Martens Erzahlungen, Th. I, num. 17. — Comment décidera-t-on, si, bien que les secours soient promis avant la guerre, le territoire de la puissance qui les prête devient postérieurement le théâtre de la guerre, l'ennemi de son allié pourra-t-il exiger d'elle de retirer ou de suspendre ses secours? — Un pareil exemple nous présente la guerre entre la France et la Russie en 1812 et au commencement de l'année 1813, par rapport à la Prusse. L'histoire nous apprend que c'est ordinairement la politique qui fait regarder les alliés de l'ennemi comme parties belligérantes principales ou comme neutres; le droit de prévention donne alors un moyen de justification. Voyez des exemples récens dans Moser's Versuch, X. 1. 144 ff. De Martens recueil, II. 151. IV. 529.

§ 270.

Alliance générale. Paix séparée.

Les secours peuvent être prêtés par une *alliance générale*, tellement que l'allié fait lui-même la guerre à l'ennemi commun; ou bien ils ne peuvent être que *partiels*, lorsque l'allié ne s'oblige qu'à donner un nombre déterminé de troupes auxiliaires, ou des subsides en argent ou en autres fournitures de guerre. Dans les alliances générales, chacun fait la guerre de son côté, en suivant ou non un même plan d'opération, ou bien les deux armées sont réunies, quelquefois sous un même chef *a*) (généralissime). Si les armées agissent de concert, les conquêtes et le butin sont ordinairement partagés en proportion des forces de chacune *b*). Si des provinces qui appartenaient autrefois à l'un des alliés sont conquises par eux, l'autre allié et ses sujets peuvent prétendre au *jus postliminii c*). Aucun d'eux, à moins qu'il ne se trouve dans la dernière nécessité, et que l'impossibilité d'atteindre le but commun de la guerre ne soit d'ailleurs mise à l'évidence, ne peut conclure un armistice ou une *paix séparée d*) sans le consentement de son allié *e*).

II.   5.

a) Moser's Versuch, X. 1. 70. 77.

b) Dans une guerre de société, où les pertes et les avantages doivent être communs, les alliés peuvent exiger l'un de l'autre une
répartition proportionnée des conquêtes et des pertes. Voy. le
traité de famille français-espagnol de 1761, art. 18, dans le
recueil de M. de Martens, I. 7; et le § 50 de l'Essai concernant les armateurs, par le même auteur.

c) Vattel, liv. III, chap. 14, § 207. De Strck sur le droit de
postliminie ou de recousse; dans ses Essais sur plusieurs matières intéressantes (à Halle 1790. 8.), n° 8. Voyez ci-dessus
§ 254 et 257.

d) Wächter diss. de modis tollendi pacta inter gentes (Stuttg.
1779. 4.), § 81. sqq., et nombre d'écrits sur la paix séparée
entre la France et la Prusse, conclue à Bâle en 1795, dont
une liste, quoique incomplète, dans la Neue allgem. deutsch.
Bibliothek, Bd. XXV, St. 2, Heft 6, S. 344-347. Voyez aussi
le traité d'alliance entre la France et les Etats-Unis d'Amérique de l'an 1778. De Martens recueil, I. 701.

e) Schmalz europ. Völkerrecht, S. 277 f. — On ne manque pas
d'exemples, jusque dans les temps les plus nouveaux, non-seulement d'alliés qui se sont déclarés neutres, mais de tels même
qui ont entièrement embrassé la cause de leur ancien ennemi,
et ont fait la guerre à leur allié. De Martens recueil, III. 151
et suiv. IV. 529 et suiv. VI. 620; et Supplément, V. 564, 588,
note *, 610, 643, 649, 660.

§ 271.

*Secours partiels, moyennant des troupes auxiliaires, des vaisseaux de
guerra, des subsides, etc.*

-' Souvent il est prêté, conformément à un traité
conclu *a*), des secours de guerre *partiels*, limités

en quantité et en qualité. Si ce sont des troupes
auxiliaires (*copiae auxiliares*), ou des vaisseaux
de guerre, ils sont entretenus selon que le traité
d'alliance ou de subsides en dispose *b*), ou par la
puissance auxiliaire, ou par l'allié belligérant; et
dans ce dernier cas, l'allié paie leur entretien jour-
nalier, ou s'en acquitte moyennant de certains
subsides ou toutes autres fournitures de guerre.
Si de cette manière l'entretien des troupes est à la
charge de la puissance belligérante, elles sont appelées troupes de subside *c*) (*milites stipendiarii
cessi*). Les troupes auxiliaires peuvent être com-
mandées ou par les généraux de l'allié, ou par
leurs propres officiers, ou par un chef commun;
mais, en tout cas, elles doivent servir au but de la
guerre, quelles que soient les restrictions sous
lesquelles elles puissent être employées, p. e. seulement sur terre, ou dans un certain pays, ou bien
pour la défense du territoire de l'allié, etc.: elles
doivent être tenues au complet, prennent une part
proportionnée au butin, etc.

a) Ces secours de guerre sont stipulés dans des traités de subsides exprès, dans les alliances offensives et défensives, dans les
traités de garantie, et parfois aussi dans des traités de paix, des
statuts de famille, des traités de commerce, etc. Il s'en trouve
plusieurs, conclus surtout par des princes d'Allemagne et des
cantons suisses, dans les recueils de Du Mont, Schmauss,

WENCK, de MARTENS et autres Aussi dans Mosen's Versuch, X. 106 ff. — Conférez POSSELT's europ. Annalen 1800. IX. 231. EISENHART's kleine Schriften, II. 1-88. REUSS teutsche Staatskanzley, XI. 460. Mon traité Ueber das europäische Staats Militar System, dans les Europ. Annalen, 1805, V. 170 ff.

b) Des dispositions très-détaillées à cet égard se trouvent dans le traité d'ailliance conclu en 1746 entre l'Autriche et la Russie; voy. Mosen's Versuch, VIII. 164. Conférez ibid. X. 137 ff. 144 ff.

c) J. F. SCHMIDLIN diss. de juribus et obligationibus gentium mediarum in bello, § 15. 16.

§ 272.

Continuation.

Quelquefois les secours consistent à permettre à la puissance belligérante d'occuper une de nos *forteresses* ou de nos *ports* de mer, de faire *passer* ses *troupes* sur notre territoire (§ 88 et 136), et d'y engager des *recrues a*); ils peuvent enfin consister en *subsides b*) (§ 149), ou en toutes autres *fournitures* de *guerre c*). Les subsides se paient quelquefois même en temps de paix sous condition que, dans le cas d'une guerre, il sera tenu prêt un certain nombre de troupes. Une puissance qui ne donne que des secours partiels n'est point regar-

dée ordinairement comme belligérante. C'est pour
cette raison qu'elle ne prend point part aux conquêtes, et que dans le traité de paix il n'en est pas
fait mention, du moins non comme partie contractante principale *d*); elle y est tout au plus
comprise (§ 161 et suiv.). On ne peut point regarder comme secours de guerre si une puissance
permet à ses sujets de suivre une armée étrangère,
soit au service immédiat du belligérant, soit
comme combattans volontaires; ou si elle accorde
à une puissance étrangère *l'enrôlement e*) dans
son territoire, pourvu qu'elle ne refuse point cette
même faveur à l'autre belligérant.

a) Schmidlin diss. cit. § 17. 21.-24.

b) Schmidlin diss. cit. § 19. — Quelquefois les secours sont stipulés par alternative, à fournir en troupes ou en argent comp-
tant, p. e. dans l'alliance défensive conclue entre la Prusse et
la Hollande en 1788, art. 3 et 4. De Martens recueil, III. 134.
J. J. Moser von der üblichen Proportion zwischen der Hülfe
an Mannschaft, Schiffen, oder Geld; dans ses Vermischten
Abhandlungen (1750 8.), Th. I, S. 84. — Des conventions de
subsides que surtout la Grande-Bretagne a conclues, se trouvent dans le recueil de M. de Martens, p. e. celles avec la
Suède en 1808, 1809 et 1813, avec le roi des Deux-Siciles en
1808, avec la Russie et la Prusse en 1813, dans le Supplément,
V. 2. 8. 558. 31. 568 et suiv. — Sur la manie de conclure des
traités de subsides, voyez mon écrit Ueber das europ. Staats-
Militär-System, dans Europaische Annalen, 1805, V. 150 ff.

c) Schmidlin diss. cit. § 25.-27.

d) Voy. le traité cité au § précédent, conclu en 1746 entre l'Autriche et la Russie, art. 12, et l'alliance formée entre la Russie et l'Angleterre en 1798, art. 5 et 6, dans le recueil de M. de MARTENS, VII. 321.

e) BYNKERSHOEK quaest. juris publ. lib. I. p. 158. v. KAMPTZ neue Lit. des VR., § 112. — Sur la question de savoir par devant quel tribunal les enrôleurs sont justiciables, voyez v. STECK's Ausführungen polit. u. rechtl. Materien, S. 164 ff. et Rechtsgutachten des Spruch-Collegii zu Heidelberg, Bd. I (1808. 8.), n° 4.

§ 273.

4o *Arrangemens militaires.*

Les *arrangemens militaires a*) (*pacta bellica*) sont des conventions formées entre des puissances en guerre entre elles, à l'effet de déterminer quelques conditions relatives à la guerre, sans que pour cela elle soit entièrement terminée. L'ennemi évidemment en juste cause est obligé, par de pareilles conventions, tout aussi bien que son adversaire, puisque en les formant non-seulement il s'est tacitement désisté de son droit quant à l'objet convenu, mais qu'il a même accordé par là à son ennemi le droit d'accepter ses propositions. Les arrangemens militaires, comme les moyens de nuire à l'ennemi, doivent avoir en vue le but de la guerre. S'ils n'obligeaient point l'ennemi en juste cause, il n'y aurait pas plus de raison pour qu'une paix à conclure dût l'obliger; or, cette paix étant le dernier but de toute guerre, il ne peut y avoir de doute sur son entière validité et inviolabilité, et donc par inverse non plus sur celle de tous les traités qui sont dans la même catégorie avec elle *b*). Pour assurer l'exécution de ces arrangemens et pour la sûreté des négociateurs, on se donne quelquefois des otages (§ 156) et prend toutes autres mesures convenables. Toute atteinte portée à la convention autoriserait l'ennemi à prendre sa revanche par le moyen de la rétorsion, ou par quel autre il pourrait y parvenir. Les arrangemens militaires cessent d'être obligatoires, entre autres, si le terme est écoulé pour lequel ils sont conclus, mais toujours à l'époque de la paix.

---

a) E. C. WIELAND diss. de pactis bellicis inter gentes. Francof. ad Viadr. 1776. 4., et dans ses Opusc. acad Fasc. III. (Lips. 1790. 8.), n. I. F. L. WALDNER de FREUNDSTEIN diss. de firmamentis conventionum publicarum, cap. 1. § 10-12. VATTEL, liv. III, ch. 16. DRESCH, über die Dauer der Völkerverträge, § 92 ff. v. OMPTED \'s Lit., § 302 et 314. v. KÄMPTZ neue Lit., § 290 et 298. — Ces arrangemens furent appelés par les Romains *belli commercia.* TACITUS annal. XIV. VIRGILIUS Aen. X. 532.

b) VATTEL, liv. III, ch. 10, § 74 et suiv. Abhandl. von der Unverletzlichkeit der Waffen- und Kriegswertrage. Frankf. und

Leipz. 1760. 4. Corn. Pet. Chastelein diss. de fide inter hostes. Lugd. Bat. 1769. 4. v. Ompted's Lit., II. 637. — Voy. les contestations qui ont eu lieu sur la convention du couvent de Zéven, ou Séven, formée en 1757, dans Moser's Versuch, X. 1. 185 ff., et dans les Staatsschriften des Grafen R. F. von Lynar, Th. II (Hamb. 1797. 8.), S. 71-810 ; de même sur la capitulation de Lilienstein en 1756, ibid. IX. 2. 162 ff. 321.

c) Vattel, liv. III, ch. 10, § 176.

§ 274.

Des sauvegardes, des conventions sur la neutralité, et de celles sur la rédemption et l'échange des prisonniers de guerre en particulier.

Il y a différentes espèces d'arrangemens militaires. La *sauvegarde (salva guardia)* qui en est une, promet à des personnes ou à des propriétés ennemies sûreté et protection *a*); elle est donnée selon que la convention en dispose, ou par écrit, en forme de passe-ports *b*) ou sauf-conduits (*litterae liberi commeatus, salvi passus aut conductus*); par exemple, ou en mettant les personnes ou choses sous la garde d'un détachement militaire, ou enfin en leur donnant pour leur légitimation quelque symbole, tel que les armes de l'état, etc. On distingue d'après cela les sauvegardes vives et mortes, et parmi les dernières, celles données par

écrit et celles qui sont constatées par un symbole.
— Les *conventions de neutralité* déclarent neutre
une partie du territoire ennemi, ou quelque bran-
che de commerce *c*). — Il se forme souvent des
conventions sur la *rédemption* (le rançonnement,
pactum de redimendis captivis cum pacto de lytro),
et l'*échange* (*pactum de permutandis captivis*) des
prisonniers de guerre.

a) Ge. ENGELBRECHT diss. de salva guardia. Jen. 1943. 4. VATTEL,
liv. III, ch. 9, § 171. MOSER's Versuch, IX. 2. 452. ff. J. MA-
DER's reichsritterschaftl. Magazin , Th. VIII, S. 656. v. OM-
PTEDA's Lit., § 317.

b) GROTIUS lib. III, c. 21. § 14. sqq. v. OMPTEDA's Lit., II. 649.
v. KAMPTZ neue Lit., § 118.

c) MOSER's Versuch, X. 1. 154 ff. Voyez la convention qui
déclare neutres les barques de pêcheur non armées, françaises et anglaises, dans le recueil de M. de MARTENS, VIII.
295 et suiv.

d) VATTEL, liv. III, ch. 17, § 278 et suiv. MOSER's Versuch. IX.
2. 388-434. De MARTENS recueil, IV. 276. VII. 288.

§ 275.

Des contributions et des cartels.

Des villes, villages ou districts entiers forment
quelquefois des conventions avec l'ennemi, à l'effet d'éviter, moyennant une *contribution* qu'ils

s'engagent à payer, le pillage ou l'incendie (*pacta de tributo bellico et lytro incendiario* (§ 251). —
Les *cartels* sont des conventions passées en temps de guerre par les puissances belligérantes, dont l'objet est de déterminer et de régler les rapports que l'on veut laisser subsister, p. e. la forme des communications verbales ou par écrit transmises par le moyen des paquebots, courriers, trompettes *a*), tambours parlementaires *b*), etc., la délivrance des passe-ports et des sauf-conduits *c*), les signaux *d*), la manière dont se fera le commerce, les contributions qui seront imposées, de quelles armes ou de quelles autres sortes d'hostilités il sera défendu de se servir *e*), des affaires concernant les prisonniers, les postes, les sauvegardes, les maraudeurs, enfin nombre de choses qui font l'objet de la guerre, ou qui lui servent de moyens, et pour lesquelles il est indispensable de se mettre en relation avec l'ennemi.

---

a) Moser's Versuch, IX. 1. 95. Chr. Wildvogel diss. de buccinatoribus eorumque jure (Jen. 1711. 4. rec. Hal. 1753. et in Ejus Collect. Disp. n. 3. ', § 41. Voyez un traité sur les trompettes et leurs prérogatives, dans la collection intitulée : der prüfenden Gesellschaft fortgesetzte zur Gelehrsamkeit gehörige Bemühungen (Halle 1741. 8.), Th. IV, Num. 2 ; se trouve aussi dans le recueil des écrits (Schriften) de cette société, T. I. p. 409 et suiv. De Bielfeld, institutions politiques, II.

177, § 25. — Voyez sur les paquebots, Mosen's Versuch, IX. 1. 48.

b) C'étaient autrefois les hérauts-d'armes. De Bielfeld, I. c. II. 176. § 24. Voy. ci-dessus, § 238, note b.

c) Vattel, liv. III, ch. 17, § 265 et suiv. v. Omptedu's Lit., II, 649 et suiv.

d) Mosen's Versuch, IX. 1. 95. 145. Dans les combats navaux, p. e. ôter le pavillon de guerre et en arborer un blanc, c'est dire qu'on veut se rendre.

e) Voyez une convention de cette espèce, de 1692, dans du Mont corps diplomatique, VII. 310.

§ 276.

Des capitulations.

Du nombre des arrangemens militaires les plus importans, sont les *capitulations* (*pacta deditionis*), par lesquelles l'une des parties belligérantes promet d'abandonner à l'autre certaines personnes à garder, ou la possession de certaines choses, particulièrement des places fortes *a*). Ces capitulations se composent ordinairement d'articles proposés par l'une des parties, et de l'acceptation, des limitations, des changemens ou du refus, que l'autre partie met à leur suite ou côté *b*). Elles sont obligatoires sans être acceptées ou ratifiées par les souverains respectifs, pourvu que les officiers commandans qui les ont signées aient été de bonne foi, et qu'ils n'aient point passé les limites de leurs attributions ou agi hors de leurs pouvoirs.

a) Vattel, liv. III, ch. 16, § 261 et suiv. Mosrn's Versuch, IX. 2. 155 ff. Jac. Frid. Ludovici diss. de capitulationibus. Hal. 1707. 8. Cornel. Vollenhoven (praes. II. C. Cras) diss. de vi et natura pactionis , quae dicitur Capitulatio. Amstelod. 1797. 4. v. Ompteda's Lit., § 315. v. Kamptz neue Lit., § 300.

b) Exemples : la capitulation de Lilienstein de l'an 1756 , par laquelle l'armée saxonne cernée se rendit au roi de Prusse, dans Mosrn's Versuch, IX. 2. 162 ff.; la capitulation de l'armée française en Egypte de l'an 1801 , dans le supplément au recueil de M. de Martens , II. 509. Des capitulations de pays, d'îles , ou de districts entiers , dans Mosrn's Versuch, IX 1. 157. IX. 2. 176-226. De Martens recueil , VI. 450. VII. 299. 335. 380. 466., supplément, II, 468. 470. 502. 509. Des capitulations de forteresses et de villes, ibid. VII. 416. Supplément , II. 500. Capitulation de Paris du 31 mars 1814; ibid. Supplém. V. 693.

§ 277.

Des traités d'armistice.

Par les traités d'armistice (*pacta induciarum*), les hostilités sont suspendues pour un certain temps *a*). Il sont *généraux* ou *partiels b*). Les

armistices généraux ou trèves sont conclus par les
gouvernemens en guerre, et par rapport à toutes
sortes d'hostilités. Les armistices partiels, ou armistices proprement dits , au contraire ,ne font
cesser qu'une partie des hostilités, p. e. en déclarant
neutre un certain district; ils sont arrêtés ou par les
souverains eux-mêmes, ou par des généraux, pour
la partie de la force armée qui est sous leurs ordres,
et dans les limites de leur autorité ou de leurs
pouvoirs *c*). Le terme du commencement est toujours fixé, tandis que la fin dépend souvent du
congé donné par l'une des parties, qui doit être
suivi d'un certain délai.

a) Jo. Strauch dissertationes V. de induciis bellicis cum aliis.
Viteb. 1668. 4., et dans ses Diss. acad., n. 5. Vattel., liv. III,
ch. 16, § 233 et suiv. Moser's Versuch, X. 2. 1 ff. v. Ompte-
d\'s Literatur, II. 648 ff. v. Kamptz neue Lit., § 301.

b) Des exemples de toute espèce , dans Moser's Versuch, X. 2.
9 ff. 21 ff. 475., et dans de Martens recueil , IV. 571. VII.
141. 172. 174. 177. 390. 396. 401. 410. 414. 425. 528. 532.
536. et dans le Supplém. V. 582 et suiv. 703. 716. — Voy.
sur les traités d'armistice tacitement conclus , de Steck obss.
subsec. n. 39.

c) Question de savoir si le traité doit être ratifié par le souverain, ou par le général en chef? Voy. Moser's Versuch , X. 2.
5 f. Vattel, § 237. De Martens recueil, IV. 571.

§ 278.

Continuation.

Après une bataille, ou lors d'un siége, on convient quelquefois d'une suspension ou cessation d'armes de quelques heures seulement *a*). Un armistice stipulé pour des années entières *b*) ne diffère guères d'une paix, qu'en ce qu'à son échéance les deux partis peuvent recommencer aussitôt les hostilités pour les anciennes causes. Durant la trève, non-seulement les hostilités doivent cesser, mais il ne doit rien être entrepris non plus qui fût contraire au but pour lequel l'armistice a été conclu *c*). Si l'un des partis manque à ces obligations, l'autre peut à l'instant recommencer les hostilités. Dans un armistice général, sont aussi compris les alliés des puissances belligérantes *d*).

a) Moser's Versuch, X. 2. 3 ff. IX. 2. 82. 140. De Martens recueil, VII. 396.

b) Tels que celui conclu entre l'Espagne et les Provinces-Unies des Pays-Bas en 1609 pour douze ans, et celui entre l'Autriche et la France conclu en 1684 pour vingt ans. La Porte ottomane croyait autrefois, pour des prétendus principes de l'islamisme, ne pouvoir former que des armistices avec les puissances chrétiennes; tel fut celui p. e. qu'elle fit avec l'Autriche en 1739 pour vingt-sept ans. Mais aujourd'hui elle conclut aussi des traités de paix à perpétuité ; voy. p. e. celle de Russie conclue à Belgrade en 1739, celles de Kainardgi en 1774, de Szistowe en 1791, de Jassy en 1792, de Bucharest en 1812. Moser's Versuch, X. c. 39 ff. v. Steck von den Friedensschlüssen der osmannischen Pforte, dans ses Versuche (en 1772), Num. 9.

c) Vattel, § 245 et suiv.

d) De Steck essais sur divers sujets de politique et de jurisprudence, num. 3.

CHAPITRE II.

DROIT DE NEUTRALITÉ.

---

§ 279.

Neutralité. Définition et étendue.

On appelle *neutre* (*medius in bello*) celui qui, dans une guerre, ne prête assistance à aucune des puissances belligérantes. La *neutralité* est la condition qui en résulte pour lui, par rapport à ces puissances *a*). En vertu de sa liberté naturelle, chaque état peut, dans toute guerre entre d'autres états, soutenir son droit de neutralité *b*), même lorsqu'une des puissances en guerre l'aurait offen-

sé *c*). Il n'y a qu'une seule exception à faire à cette
liberté de rester neutre, c'est le cas où un état se
serait engagé, par quelque convention, à prendre
part à la guerre, p. e. comme membre d'une confédération *d*) ou d'un état composé, ou en vertu
d'un traité d'alliance *e*). Toutefois, même dans ce
dernier cas, l'obligation de s'intéresser dans la
guerre ne s'entend que d'une guerre juste, ou
telle qui doit être réputée juste (§ 237, 268 et
suiv.).

a) Abhandl. von der Neutralität u. Hülfeleistung in Kriegszeiten. 1758. 4. Henr. Horufft diss. de jure et officio quiescendi
in bello. Lugd. Bat. 1768. 4., aussi dans Gerh. Oelrichs
collect. diss. jur. nat. et gent. n. 3. p. 167. sqq. J. Cph. Mun-
neck diss. de jure neutralium in bello. Gryphisw. 1771. 4. Jo.
Frid. Schmidlin diss. de juribus et obligationibus gentium
mediarum in bello. Stuttg. 1779. 4. (Galiani) De' doveri de'
principi neutrali verso i principi guerreggianti, e di questi
verso i neutrali. Libri due. Napoli 1782. 4. Traduit en allemand, sous ce titre : Das Recht der Neutralität; aus dem Ita-
liänischen, mit Anmerk. v. C. A. Caesar. Leipz. 1790. Th. I u.
II. 8. A. Hennings Abh. über die Neutralität und ihre Rechte,
insonderh. bei einem Seekriege. Altona 1784. 8., et dans sa
Sammlung der Staats-Schriften, die während des Seekriegs
1776-1783 bekannt gemacht worden, Bd. I (Altona 1784. 8.)
J. A. Stalpp über einige Rechte und Verbindlichkeiten neutraler Nationen in Zeiten des Kriegs. Würzb. 1791. 8. Bynken-
shoek quaest. jur. publ. lib. I. c. 8.-15. Moser's Versuch, X. 1.
147 ff. Encyclopédie méthodique ; Diplomatique, II. 423.
v. Ompteda's Lit., II. 651 ff. v. Kamptz neue Lit., § 315.

b) Hoeufft diss. cit. § 7. 15. Conférez plus haut, § 233.

c) Hoeufft diss. cit. § 5 sqq. 13. 67. sqq. Stalpf au livre allégué, § 3 et suiv. Schmalz europ. Volkerrecht, S. 278 ff.

d) Voy. p. e. mon Oeffentliches Recht des teutschen Bundes § 161.

e) (Fabricius) Ueber die Neutralitat der teutschen Reichsstande in Reichskriegen. 1793. 8. Hoeufft diss. cit. § 15 sqq.

§ 280.

Neutralité naturelle et conventionnelle, volontaire et obligatoire.

Le droit de rester neutre est fondé en effet dans la *nature* même de la personnalité politique de l'état (neutralité *naturelle* ou simple). Mais ce droit peut de plus être stipulé expressément, avant ou durant une guerre, par *convention a*) uni-latérale ou synallagmatique (neutralité *convention-nelle*). D'un autre côté, une puissance peut *rester neutre* de *pure volonté* (neutralité *volontaire*), ou s'y être *engagée* par convention *b*), soit vis-à-vis un ou plusieurs des états belligérans, soit envers un tiers état (neutralité *obligatoire*). Dans ces différens cas, les gouvernemens adressent souvent des déclarations formelles à d'autres puissances, et publient des règlemens concernant la navigation et le commerce de leurs sujets pendant la guerre *c*).

II.

6

a) Voyez des conventions de neutralité, dans MOSER's Versuch, X. 1. 157-209. De MARTENS recueil, supplément, I. 216. SCHMIDLIN l. c. § 62. — La ville de *Cracovie*, avec son territoire, a été déclarée libre, indépendante et strictement *neutre*, par le traité additionnel conclu à Vienne, le 3 mai (21 avril) 1815, entre l'Autriche, la Russie, et la Prusse; dans les Acten des wiener Congresses, Bd. V, S. 138 ff., Bd. VI, S. 22. — De même, au congrès de Vienne il a été stipulé et garanti une neutralité *perpétuelle* de la *Suisse*. Voyez mes *Acten* allégués, T. V, p. 318, et T. VI, p. 181. Comparez l'Acte final du congrès de Vienne, art. 84 et 92, ibid. T. VI, p. 76 et 78; et l'acte par lequel cette neutralité de la Suisse a été reconnue par les puissances alliées, en date de Paris du 20 nov. 1815, dans de MARTENS recueil, Supplém. T. VI, p. 740.

b) GALIANI de' doveri de' principi neutrali etc., lib. I. c. 4. § 4. MOSER's Versuch, X. 1. 154. HOLTUFFT diss. cit. § 71.

c) Voyez des réglemens relatifs à la neutralité, dans de MARTENS recueil, IV. 204. 216. 240. V. 234. 278. VII. 140. SCHMIDLIN l. c. § 63-65. Ordonnance autrichienne de 1803, concernant la neutralité. Politisches Journal 1803, p. 879.

§ 281.

Neutralité entière et limitée, générale et partielle.

La neutralité, soit volontaire, soit obligatoire, peut être ou *pleine* ou *entière a*) ou *limitée* (*plena vel minus plena*). L'état qui veut conserver une entière neutralité doit observer, dans tout ce qui a rapport à la guerre, absolument la même con-

dúite vis-à-vis chacune des puissances belligérantes.
Ce n'est qu'alors qu'il peut exiger à son tour
qu'elles reconnaissent et respèctent, toutes également, ses droits parfaits de neutralité. Il en est
autrement s'il n'observe qu'une neutralité limitée,
en favorisant l'une des parties belligérantes, étant
obligé p. e. par des traités antérieurs (§ 268 et
súiv.) de lui prêter secours, de donner un corps
de troupes auxiliaires ou des subsides, de céder
une place forte ou un port, de permettre dans
son territoire le passage des troupes ou l'enrôlement, de fournir des munitions de guerre, etc. *b*).
— Une neutralité est *générale*, lorsqu'elle s'étend
sur toutes les parties du territoire de la puissance
neutre, et jusque sur l'océan : elle est *partielle*,
lorsqu'elle ne comprend qu'une partie soit de l'o-
céan soit du territoire de l'état neutre *c*), ou son
territoire continental et maritime seulement, ou
bien rien que l'océan.

a) Voyez p. e. les manifestes de la neutralité de la confédération
  helvétique, en date du 18 et 20 nov. 1813 ; dans la Gazette de
  Francfort de 1813, no 332.

b) Schmidlin diss. cit. §. 9. 10. 11. sqq. — *Media, nulla via est,*
  quae nec amicos parat, ne: inimicos tollit. Livius.

c) Convention de neutralité de 1733, à l'égard des Pays-Bas autrichiens. Büsch Welthandel, S. 308 (4. Ausg.). De Martens
  recueil, supplément, I. 21⁴. Convention de neutralité de

1756, relativement à la forteresse de Königstein ; dans MOSER's Versuch, X. 1. 181. Une pareille convention, concernant la neutralité des Pays-Bas autrichiens et des provinces prussiennes en Westphalie, se trouve dans le même livre, p. 199. Il y a encore d'autres exemples dans le recez de la députation de l'Empire germanique fait à Ratisbonne en 1805, § 25. 27. Convention sur l'octroi de navigation du Rhin, du 15 août 1804, art. 131. Mon Oeffentliches Recht des teutschen Bundes, § 481. C'est encore une neutralité partielle que celle qui est quelquefois accordée aux vaisseaux pêcheurs. De MARTENS recueil, VI¹. 295. Conférez aussi SCHMIDLIN l. c. § 61, et STALTP § 5.

§ 282.

Neutralité armée, continentale et maritime.

Il est loisible à chaque état d'établir une neutralité *armée*, et même de s'allier à cet effet à d'autres états. Il met alors sur pied une force armée, en déclarant qu'il la destine pour défendre, en cas de besoin, ses droits de neutralité. — La neutralité peut aussi être *continentale* ou *maritime*, suivant qu'elle se borne au continent, ou à la mer : distinction devenue importante de nos jours *a*).

a) Sur d'autres divisions de la neutralité, voyez MOSER's Versuch, X. 1. 150 ff. 157. Jo. Pet. BANNIZA diss de neutralitate (Wirceb. 1753. 4.), § 3-6.

§ 283.

Les puissances *belligérantes* ont l'obligation de ne troubler en rien la tranquillité des états neutres. Elles doivent par conséquent s'abstenir, dans le territoire de ces derniers (*in territorio pacato*, *h. e. gentis mediae*), de toutes sortes d'hostilités, non seulement envers ces états, mais aussi entre elles-mêmes. Le prétexte qu'il existe des rapports de parenté ou d'amitié personnelle, entre le souverain de l'état neutre et celui de leur ennemi *a*), ne les exempte point de cette obligation, tout comme un état gouverné par le même individu qui règne sur un état en guerre, lorsqu'il n'y a qu'union personnelle *b*) dans la personne de ce souverain (*unio civitatum personalis*), peut jouir à lui de tous les avantages de la neutralité.

a) Stalpp dans le livre allégué, § 6.

b) Mosen's Versuch, X. 1. 154 f. Busch Welthandel, S. 308. E. F. Hagemeister de l'intérêt qu'a la Poméranie suédoise d'être une partie de l'Empire d'Allemagne lorsqu'il survient une guerre entre la Suède et une puissance étrangère (à Leipzig, 1790. 8), ch. 1. Ma kleine juristiche Bibliothek, St. XVII, S. 41. — Pour ce qui est de l'union réelle de deux états, voyez Galiani I. ch. 4.

§ 284.

Obligation des puissances neutres envers les belligérantes.

Un état *neutre* n'est, dans la guerre, ni juge ni
partie. Il doit non seulement ne se permettre, ni
à ses sujets, la moindre action qui pourrait favoriser ou aider, dans ses opérations de guerre, l'une
des parties belligérantes *a*), mais aussi ne point
souffrir, de la part d'une de ses dernières, la
moindre violation de ses propres droits de neutralité. Les lois de neutralité lui défendent par conséquent de prêter secours de guerre à l'un des deux
ennemis *b*), ou de permettre à ses sujets d'en prêter, nommément en qualité d'armateurs *c*), ainsi
que de souffrir volontairement *d*) que l'une *e*) des
parties belligérantes commette sur son territoire
neutre, continental ou maritime, des actes d'hostilité *f*). Une violation de ces lois autoriserait incontinent la partie belligérante préjudiciée à user
de violences contre l'état neutre, et à poursuivre
également son ennemi dans le territoire où il aurait trouvé secours et protection. En cas de neutralité limitée (§ 281), il est clair que l'état neutre
doit s'en tenir, quant aux secours de guerre qu'il
est obligé de fournir, exactement aux termes de

la convention qu'il a conclue avant la guerre, sans
quoi il y prendrait une part immédiate *g*).

a) SCHMIDLIN diss. cit. § 7. 8. 29. 30. MOSER's Versuch, X. 4.
213 ff. — Mots de sagesse, dans la réponse du Danemarck à la
Grande-Bretagne, en 1793, dans le recueil de M. de MAR-
TENS, V. 246 f.

b) SCHMIDLIN diss. cit. § 15-27.

c) Ce qui est le plus souvent défendu par convention expresse.
Voyez ci-dessus, § 280, note *b*.

d) Il ne s'agit point ici d'une neutralité *limitée*, fondée sur des
traités antérieurs (§ 281), ni du cas où une extrême nécessité
aurait contraint l'une des parties belligérantes à violer le territoire neutre.

e) Il en serait autrement, si l'état neutre avait permis, également
à l'un et à l'autre des deux ennemis, de faire le même usage de
son territoire, p. e. en leur accordant le passage des troupes.
GALIANI, lib. I. c. 8. §. 4.-6.

f) P. e. pour effectuer un rassemblement ou passage des troupes,
ou un armement, pour s'assurer un lieu de refuge, etc.
J. L. E. PÜTTMANN diss. de jure recipiendi hostes alienos. Lips.
1778. 4., et dans sa Sylloge varior. opusculor. Lips. 1786. 8.
SCHMIDLIN l. c. § 28. 60. STALPF, § 13.

g) SCHMIDLIN diss. cit. § 11.

§ 285.

Droits des états neutres envers les puissances belligérantes :
1° en territoire neutre.

L'état entièrement *neutre* est de son côté en *droit*

d'exiger, même de force, s'il le faut, que les puissances belligérantes n'usent point de son *territoire neutre* pour la guerre ; qu'elles n'y prennent point d'armes, de munitions de guerre et de bouche, et d'autres besoins immédiats de la guerre pour leurs armées ; qu'elles n'y fassent aucun armement, soit enrôlement, soit rassemblement de troupes ; qu'aucunes de leurs troupes armées ou non armées y passent *a*), etc. ; qu'elles n'y exercent aucun acte d'hostilité, contre la personne ou les biens des sujets de l'état ennemi *b*) ; qu'elles ne l'occupent point militairement *c*), ni en fassent le théâtre de la guerre ; que, dans une extrême nécessité s'en étant emparées, elles paient entièrement le dommage que le pays en a souffert *d*). Il n'est pas défendu de vendre en pays neutre le butin qui a été fait d'une manière conforme aux lois de la guerre *e*); mais quelquefois ce commerce est défendu, ou modifié par des conventions ou règlemens de neutralité *f*). — Lorsqu'un état neutre, gardant une neutralité limitée (§ 281), assiste une partie belligérante d'un corps de troupes auxiliaires, ce corps peut être poursuivi par les troupes ennemies, même dans le territoire neutre de son souverain *g*).

a) Moser's Versuch, X. 1. 218. 238-311. Stalff, § 10 f. Note du cabinet prussien, datée du 14 octobre 1805, concernant le pas-

sage d'un corps de troupes françaises par la principauté d'Ans-
bach. Politisches Journal, October 1805 , S. 1058. .

b) Ce principe est quelquefois expressément établi, non-seulement par des règlemens particuliers de neutralité des états
neutres, mais aussi par des traités. Bynkershoek l. c. lib. I.
c. 8. D'Abreu traité sur les prises maritimes P. I. ch. 5.
§ 10-14. Hubner de la saisie des bâtimens neutres, II. 160.
Bouchaud des traités de commerce, p. 283 et suiv. Schmidlin
diss. cit. § 55-58. — Dans les règlemens ou traités susdits,
même dans les traités avec les états barbaresques, on trouve
souvent la disposition qu'aucun bâtiment armé en guerre, qui
se trouve à l'ancre en territoire maritime neutre, p. e. au môle
ou dans la rade d'un pays neutre, voyant exposer le signal
pour l'arrivée de quelque vaisseau, ne doit lever l'ancre pour
aller à sa rencontre, et qu'au cas qu'il s'y trouve à l'ancre des .
vaisseaux armés en guerre, appartenant à deux puissances ennemies, il ne doit être permis aux uns de partir que certain
temps après le départ des autres, ordinairement après 24 heures. Moser's Versuch. X. 1. 159 f. 311. De Martens recueil,
IV. 204. 216. 233. 240. 244. 254. V. 234. 278. Des traités voyez
dans Wenck cod. jur. gent. II. 573. 583.

c) Moser's Beytrage zu dem europ. Völkerrecht in Kriegszeiten,
II. 48-58. Stalpf, § 12.

d) Schmidlin diss. cit. § 47.-52. Vattel, liv. III, ch. 7, § 22.
— Critique sur l'attaque faite par les Anglais contre Copenha-
gue le 7 septembre 1807, dans le Politisches Journal, 1809,
Marz, S. 245 ff.

e) Bynkershoek l. c. lib. I. c. 15.

f) De Martens recueil, IV. 295. VII. 140. Moniteur universel,
1793, n. 265.

g) Moser's Grundsatze des europ. Volkerr. in Kriegszeiten,
Buch III, Cap. 3, § 8-12. Schmidlin diss. cit. § 11. n. 3.

§ 286.

En *pays ennemi*, les puissances belligérantes ne
peuvent traiter en ennemis les *sujets* d'un état
neutre, quant à leurs personnes ou leurs biens
meubles a), à moins qu'ils ne dussent être consi-
dérés en même temps comme sujets permanens de
l'état ennemi, ou qu'ils ne prissent une part active
aux hostilités. Ceci doit particulièrement être appliqué à leurs vaisseaux sur lesquels ni le gouvernement du pays *b*) ni la puissance ennemie ne peuvent mettre un embargo, ni en faire usage pour
la guerre, pas même en dédommageant les propriétaires. Lorsque, néanmoins, dans des circonstances
d'extrême nécessité, l'un ou l'autre des belligérans se serait servi de la personne ou des biens
meubles d'un sujet appartenant à un état neutre,
il lui doit une pleine et entière indemnité *c*). Les
immeubles que les sujets d'une puissance neutre
possèdent dans le territoire de l'un des belligérans,
y sont affectés par les charges de la guerre *d*). Tous
ces principes sont également applicables aux propriétés, tant mobilières qu'immobilières, que le

gouvernement neutre possède lui-même dans le
territoire d'un état faisant la guerre.

a) Vattel, liv. III, ch. 5, § 75. Schmidlin diss. cit. § 29. sqq.
Stalpf, § 14.

b) Principe expressément sanctionné dans beaucoup de traités
de commerce modernes. Schmidlin diss. cit. § 53. de Martens
recueil, III. 14. Sans quoi il est assez d'usage de mettre au
commencement d'une guerre un embargo sur les vaisseaux
marchands neutres, et de les employer, en payant, au service
militaire. De Steck essais sur divers sujets (1794), n. 1-3. Galiani, lib. I. c. 10.

c) Schmidlin l. c. § 53.

d) Vattel l. c. § 76. Schmidlin, l. c. § 31.

§ 287.

3° *par rapport au commerce :*

Suivant le droit des gens naturel.

Un objet de la plus grande importance est le
commerce des états neutres pendant une guerre,
et particulièrement celui avec les états qui y prennent part *a*). Une puissance qui fait la guerre peut
défendre, tant à ses sujets qu'aux habitans du
pays ennemi occupé par ses troupes, de faire le
commerce, soit avec l'état ennemi, soit même avec

les pays neutres ; mais elle n'a pas , pour l'ordi-
naire , le droit d'exiger d'un état neutre qu'il s'abs-
tienne du commerce avec son ennemi, l'état d'i-
nimitié survenu entre deux puissances ne pouvant
à lui seul porter préjudice aux droits des tiers. Le
droit des gens naturel ne défend pas même le commerce avec des besoins immédiats de guerre ,
pourvu qu'il ne se fasse point dans le dessein de
favoriser l'une des parties belligérantes.

a) Jo. Jul. Surland diss. de jure commerciorum in bello.
Goett. 1748. 4. H. Hanken's Rechte und Freyheiten des Handels der Volker unter einander (Hamb. 1782. 8.), § 22-29,
S. 67-95. Jo. Mar. Lampredi del commercio dei popoli neutrali in tempo di guerra. Firenze 1788. T. I. II. 8. Traduit en
allemand et en français sous ces titres : J. M. Lampredi über
den Handel neutraler Volker in Kriegszeiten. Leipz. Th. I.
1790 8. Du commerce des neutres du temps de guerre, par
M. Lampredi, traduit de l'italien par Peuchet. à Paris 1802.
8. Essais sur divers sujets relatifs à la navigation et au commerce pendant la guerre ; par M. de Steck. à Berlin 1794. 8.
Canut Henr. L. B. de Bonde (Sueci) specimen de libero commercio nationum belli haud sociarum. Lips. 1802. v. Omptr-
da's Literatur, II. 598. — Des traités de commerce, voyez ci-
dessus § 152.

§ 288.

D'après le droit des gens européens. Contrebande de guerre.

Effectivement l'usage des gens reçu aujourd'hui

en Europe, permet le commerce des nations neutres avec celles en guerre. Il y met seulement certaines restrictions, à l'égard des besoins de guerre
immédiats, et par rapport aux lieux bloqués *a*).
Il ne défend point de vendre des besoins de guerre
immédiats à une puissance belligérante ou à ses
sujets, lorsque *ceux-ci* font l'achat des marchandises dans le pays neutre et les exportent eux-
mêmes *b*). Si au contraire l'état neutre ou ses sujets amènent ces besoins à l'un des deux ennemis,
c'est une violation de la neutralité, et les marchandises sont alors appelées *contrebande de guerre.*
On comprend en général sous cette dénomination
toutes sortes d'armes, les harnais des chevaux, et
les munitions de guerre, à l'exception de celles
destinées pour la marine *c*). S'il y a incertitude
sur la qualité de contrebande d'une marchandise,
il faut s'en tenir strictement aux termes des traités
conclus sur ce sujet *d*). A défaut de pareils traités,
le droit des gens naturel, établissant l'entière liberté de commerce, rentre en vigueur, et les marchandises doivent être présumées libres *e*).

---

a) Schmidlin diss. cit. § 43. sqq. Stælpr, § 15 ff.

b) Lampredi I. 53. Cette opinion est rejetée par Galiani c. 9.
§ 4. Les lois romaines et canoniques, différens décrets des Pa-
pes (ces derniers sous peine d'excommunication), le *Consolato
del mare*, les lois maritimes d'Oléron et de Wisby, et celles

des villes Anséatiques, portent défense expresse de fournir des armes à des puissances en guerre. Martens Einleitung in das europ. Völkerrecht, § 313, Note *b*.

c) La Grande-Bretagne veut que même les *munitions navales* soient présumées être contrebande de guerre. Sous le nom de munitions navales, elle comprend tout ce qui sert à la construction et à l'équipement ou armement des vaisseaux. Mémoire sur les principes et les lois de la neutralité maritime (Paris 1812. 8.), p. 7. Dans le traité de commerce conclu entre la Grande-Bretagne et les États-Unis d'Amérique, le 19 novembre 1794, art. 18, les munitions navales sont expressément mises au nombre de la contrebande de guerre. De même, dans le traité entre l'Angleterre et le Danemarck du 4 juillet 1780. De Martens recueil, II. 102.

d) On trouve des énumérations de marchandises déclarées contrebande de guerre, dans le traité de commerce entre la France et les États-Unis d'Amérique de 1778, art. 24, dans celui entre la France et l'Angleterre de 1786, art. 22 et suiv., dans celui entre la Russie et la Porte de 1783, art. 40, dans celui entre la Russie et la Grande-Bretagne de 1766, dans celui entre la Russie et le Portugal de 1798, dans le traité conclu entre la Russie et le Danemarck en 1800, concernant la neutralité armée, dans celui entre la Prusse et le Danemarck de 1818, art. 21, et dans beaucoup d'autres traités. Voyez des exemples dans le recueil de M. de Martens, VI. 369 et suiv. VII. 267, I. 141, supplément, II. 392. 401. 408. 477, dans les Essais allégués de M. de de Steck, p. 127 et suiv., dans Moser's Versuch, VII. 588, et dans Schmauss corp. jur. gent. II. 1618. 2307. Dans ce dernier traité sont déclarées contrebande de guerre, même « *pecunia et commeatus.* » Aussi la Suède desira-t-elle en 1788 que l'argent monnayé y fût compris, mais elle se désista bientôt de cette prétention. De Martens recueil, VI. 225 et suiv. Griefs de la Prusse contre des vaisseaux russes, en 1788, dans le Niederelb. Magazin, Th. IV, S. 1307. Lampredi I. 96. — Sur les traités de commerce en général, voyez ci-dessus § 150 et suiv.

e) Les seules déclarations des puissances belligérantes, portassent-elles même des menaces de confisquer certaines marchandises, ou du moins de les saisir en payant la valeur, ne pourraient obliger les puissance neutres: elle impiéteraient plutôt sur leurs droits. Sans cela tout ce qui vaudrait la peine d'être pris, serait contrebande de guerre. Voy. cependant la déclaration de la Grande - Bretagne du 8 juin 1793, qui ordonne de saisir tous les bâtimens chargés, en tout ou en partie, de blés ou de farine, et destinés pour un port français. Voyez de Martens recueil, V. 264, joint au T. V. 238. 251. 254. 259. et au T. VI. 371. Sur ce système d'affamer la France, conférez Büsch Welthändel (edit. 4.), S. 582 f. — On ne manque pas d'exemples, que des puissance belligérantes, surtout maritimes, aient tenté d'exclure les neutres de *tout* commerce avec leur ennemi, telles que les Provinces-Unies des Pays-Bas au commencement du 17e siècle, l'Angleterre et la Hollande en 1689, la Grande-Bretagne et la Russie en 1793. De Martens recueil, V. 238 — 262, et son Einleitung in das europ. Völkerrecht, § 316, Note a. Nau's Volker-Seerecht, § 158 f. Jacobsen's practisches Seerecht der Engländer und Franzosen, Ed. II, S. ff. Aussi la France eut-elle établi autrefois de pareils principes Jacobsen, II. 80 ff. Dans le temps moderne, se sont principalement les puissances du Nord qui se sont opposées à de pareilles prétentions. Il en sera question davantage ci-dessous, lorsque nous traiterons du commerce maritime.

§ 243.

Droits d'une puissance en guerre, à l'égard des marchandises amenées à son ennemi par des neutres.

Les principes suivans déterminent les droits des belligérans, relativement au commerce des neutres et à la contrebande de guerre. 1° Il doit d'abord être présumé que les neutres ne font point le commerce de la contrebande; donc, et les états neutres étant d'ailleurs indépendans, les belligérans ne peuvent, à défaut de convention particulière, s'arroger le droit de visiter leurs convois de marchandises, soit sur terre, soit sur mer; suffit qu'il soit prouvé que les marchandises leur appartiennent *a*). 2° Toutes les marchandises qui ne sont point de contrebande peuvent être librement amenées par des neutres, si ce n'est aux places assiégées, bloquées, ou investies *b*). L'ennemi ne peut s'en emparer que lorsqu'il en a fortement besoin pour sa propre existence, et toujours en payant leur entière valeur *c*). 3° Si néanmoins un état neutre ou ses sujets auraient amené de la contrebande, et qu'elle tombât entre les mains de l'ennemi, ce dernier ne pourrait encore, sans raison particulière, se l'approprier qu'en la payant *d*); ou bien il pourrait la renvoyer sur caution qu'elle ne rentre plus, et que tout commerce pareil cesse dorénavant. La confiscation de la contrebande de guerre, et encore moins celle des autres marchandises qui se trouvent dans le même convoi ou des moyens de transport *e*), comme bâtimens, chariots, chevaux, etc., ne peut donc être justifiée en principe.

a) Ce principe a été reconnu dans le traité de commerce, conclu en 1785 entre la Prusse et les Etats-Unis d'Amérique, art. 14 et 15, dans de MARTENS recueil, II. 572, 573.

b) De MARTENS recueil, supplément, II. 477. art. 3. n, 2. SCHMIDLIN diss. cit. § 33. — 43.

c) GROTIUS, lib. III. c. 17. § 1. sq. SCHMIDLIN diss. cit. § 47. sq.

d) Egalement reconnu dans le traité de commerce de 1785, ci-dessus allégué, art. 13.

e) J G. HEINECCIUS de navibus ob vecturam vetitarum mercium commissis (Hal. 1721. 4., et dans sa Sylloge opusculor. n. 8.), cap. 2. § 3. sqq.

§ 290.

Continuation.

4° Cependant la plupart des traités aujourd'hui en vigueur *a*) permettent de confisquer la contrebande de guerre, mais pas le reste de la cargaison *b*), ni les navires, chariots, ou chevaux. Dans un petit nombre de traités seulement, la confiscation de ces derniers objets est admise dans certains cas. 5° Du reste, à défaut de traités, les principes de droit ne sont point encore sanctionnés par un usage uniforme et géuéral. La politique ou la puissance en décident souvent. Assez ordinairement la contrebande de guerre est confisquée, et le reste des marchandises pris en payant.

U.

7

a) Voyez Bouchaud théorie des traités de commerce, ch. 12. De
Steck dans ses essais allégués. An essay an Contraband, by
Robert Ward Esq. Lond. 1801. 8. Traité de Commerce de la
Grande-Bretagne avec les Etats-Unis d'Amérique de 1794,
art. 17.

b) Plusieurs ordonnances des rois de France, p. e. celles de 1543,
1569, 1584, assujettirent à la confiscation aussi le reste de la
cargaison, suivant le proverbe: *la robe de l'ennemi confisque
celle de l'ami.* Du Mont corps diplomatique, T. VI. P. 2. p.
103. Lamberty mémoires, T. III. p. 676. Schmauss C. J. G.
p. 1619. Heineccius diss. cit. c. 2. § 7. — Quelques auteurs
soutiennent que le reste de la cargaison doit être sujet à la
confiscation si la majeure partie consiste en contrebande de
guerre. Mais voyez Bauchaud, p. 352.

c) Les gens de guerre, actuellement au service de l'ennemi,
peuvent être faits prisonniers de guerre, d'après le traité de
commerce de la Prusse avec les Etats-Unis d'Amérique, de
1785, art. 12. La même chose est stipulée, par rapport aux
recrues, dans le traité de la France avec la Hollande de 1646,
et dans celui entre la France et l'Angleterre de 1655. Dam-
predi, I. 104. note 1.

§ 291.

Commerce maritime.

Le commerce *maritime* des neutres avec les nations belligérantes offre toujours des particulari-
tés, suivant les traités, usages et prétentions des
états européens, qui ont assez souvent fait l'objet
de discussions diplomatiques et littéraires *a*). Les
puissances maritimes elles-mêmes n'ont pas tou-

jours suivi les mêmes principes, nommément à
l'égard du commerce de leurs colonies avec les
neutres en temps de guerre b).

a) Ecrits sur le droit du commerce maritime des neutres; outre
ceux de SURLAND, GALIANI, LAMPREDI, BOUCHAUD, de
STECH, BONDE, HENNINGS, allégués ci-dessus, § 279 et 287,
et celui d'ABREU cité au § 261, voyez Sam. COLLIANDER de
jure principum belligerantium merces et navigia neutralium
vel pacatarum gentium intercipiendi. Upsal. Sect. I. 1787. Sect.
II. 1791. 4. Mart. HUBNER de la saisie des bâtimens neutres, à
La Haye 1759. T. I. II. 1759. 8. Traduit en allemand 1789. C.
G. SCHMIDT (ou plutôt J. G. SAMMET) diss. de neutralium obligatione, et captura novium neutralium. Lips.
1764. 4. et dans SAMMETI Opusc. p. 169, et traduit en
allemand dans la Sammlung jurist. Abhandlungen, das teutsche Staatsrecht betreffend, Num. 1. Frid. BEHMEN, observations du droit de la nature et des gens, touchant la capture et
la détention des vaisseaux et effets neutres en temps de
guerre. Hamb. 171. 8., et en latin dans son Novum jus con-
troversum, T. I. obs. 1. p. 1. — 130. Indication des ouvrages
et pièces de législation, relativement à la saisie des bâtimens
neutres, par M. GROULT. à Paris 1780. 8. La liberté de la navigation et du commerce des nations neutres pendant la
guerre, considérée selon le droit des gens universel, celui de
l'Europe et des traités. à Londres et Amsterd. (à Giessen)
1780. 8. Aussi en allemand, sous ce titre : Die Freiheit der
Schiffahrt und Handlung neutraler Völker im Kriege. Leipz.
1780. 8. Frid. Franc. Lud. PESTEL diss. selecta capita juris gentium maritimi. Lugd. Bat. 1786. 4. rec. ibid. 1789. Le droit des
gens maritime; par J. G. BÜSCH. à Hambourg et à Paris 1796. 8.
Aussi en allemand, sous ce titre: J. G. BÜSCH Völkerseerecht.
Hamb. und Altona 1801. 8. ARNOUD système maritime et po-

litique des Européens pendant le 18e siècle, fondé sur leurs
traités de paix, de commerce et de navigation. Paris, an V de
la rép. fr. (1797). 8. Traduit en allemand, par Dominicus, à
Erford 1798. in-8º, et en espagnol, en 1798. Cornel. Voloen-
hoven diss. de juribus atque officiis gentium in bello
mediarum circa navigationem et mercaturam. Amstelod. 1798.
4. Berktere's Darstellung der Rechte der Neutralität, in
besonderer beziehung auf die danische Schiffahrt ; eine
Vertheidigung gegen die Eingriffe und Behauptungen der
französischen Caper. Aus dem Französischen. Altona 1798. 8.
J. Mumsen diss. de navibus populorum belli tempore medio-
rum non capiendis. Lips. 1799. 4. J. G. Büsch über das Bestreben der Völker neuerer Zeit, einander in ihrem Seehandel
recht wehe zu thun. Hamb 1808. 8. (Edition refondue d'un
livre du même auteur, qui a paru sous ce titre: Ueber die Zerrüttung des Seehandels. Hamb. 1793. 8.) A Treatise on the relative rights and duties of belligerant and neutral powers in maritime affairs, in which the principles of armed and the opinions of
Hübner and Schlegel are fully discuted. By Robert Waud Esq.
Lond. 1801. 8. J. N. Tetens considérations sur les droits réciproques des puissances belligérantes et des puissances neutres sur
mer, avec les principes du droit de guerre en général. à Copenhague 1805. 8. Ce livre avait paru en allemand, sous ce titre:
Betrachtungen über die gegenseitigen Befugnisse der kriegführenden Mächte und der Neutralen auf der See. Kiel 1802.
8. C. F. v. Schmidt's Versuch einer Darstellung des danischen
NeutralitätsSystems während des letzten Seekriegs, mit authen-
tischen Belegen und Actenstücken. Kopenhagen 1802—1804.
Heft I—IV. 8. B. S. Nau's Grundsätze des VölkerSeerechts.
Hamb. 1802. 8. Lud. Holst Versuch einer kritischen Uebersicht der VölkerSeerechte. Hamburg 1802. Bd. I u. II. 8. (Le
second volume n'a pas encore paru.) F. J. Jacobsen's Handbuch über das pratische Seerecht der Engländer und Franzosen,
in Hinsicht auf das von ihnen in Kriegszeiten angehaltene

neutrale Eigenthum. Hamb. Bd. I. 1703. Bd. II. 1805. 8. D. A.
Azuni Sistema universale dei Principi del diritto maritimo
dell' Europa. Firenze T. I. II. 1795. 8. Edit. 2. Trieste T. I.
1796. T. II. 1797. 8. Traduit en français par J. M. Digeon.
Paris, an VI. 2. vol. in-8°. Traduit et refondu en français par
l'auteur, sous le titre : Droit maritime de l'Europe. Paris 1798.
T. I. II. 8. Traduit en espagnol, par Don Rafael del Rodas.
Madrid 1808. 2 vol. in-8. Le droit des gens maritime universel
par M. Jouffroy. à Berlin 1805. 8. De la liberté des mers, par
M. Gérard de Rayneval. à Paris 1811. 8. Traduit en anglais
1812, tant en Angleterre qu'en Amérique. Ueber Continental
System, VölkerSeerecht, Neutralitat zur See, Blocade zur See,
Contrebande, u. s. w. Leipz. u. Altenb. 1812. 8. Mémoire sur
les principes et les lois de la neutralité maritime, accompagné
de pièces officielles justificatives. à Paris 1812. 8. (De l'imprimerie impériale à Paris; écrit apparemment officiel.) Voyez un
extrait de ce mémoire, dans le journal intitulé Der rheinische
Bund, Heft LIX, S. 165 ff. F. J. Jacobsen's Seerecht des Frie-
dens u. des Kriegs, in Bezug auf die KauffahrteiSchiffahrt
Altona 1815. 8. Ueber Frankreichs und Englands Betragen
gegen die Neutralen ; dans v. Archenholz Minerva von 1810
et 1811. F. Saalfeld's Grundriss eines Systems des Europ.
Völkerrechts, § 185 — 281. v. Omptyda's Literatur, II. 599.
v. Kamptz noue Lit., S. 284 ff. 307.

Collections d'écrits, de déclarations officielles, et de jugemens des
tribunaux maritimes ou des prises. A. Hennings Sammlung
von Staatschriften, die während des Seekriegs von 1776 bis
1783, sowohl von den kriegführenden, als auch von den neutralen Mächten öffentlich bekannt gemacht worden sind, in
so weit solche die Freiheit des Handels und der Schiffahrt
betreffen. Hamb. 1784. 1785. Bd. I. II. 8. Merkwürdige Entscheidungen der londner und pariser Prisen-Gerichte über
neutrale, in den letzten Jahren dieses Kriegs aufgebrachte
Schiffe. Altona 1802. 8. Actes et mémoires concernant les né-

gociations qui ont eu lieu entre la France et les Etats-Unis de
l'Amérique, depuis 1793 jusqu'à la conclusion de la convention du 30 sept. 1800 (par A. G. Genmandt). à Londres 1807.
T. I. — III. 8. Cette collection a aussi le titre suivant: State-
Papers relating to the diplomatick transactions etc. Lond. 1816.
Le livre ci-dessus allégué: Ueber Continental System etc.
(contient sur 125 pages, les articles et documens diplomatiques qui ont paru depuis 1806, avec des remarques). Des
pièces diplomatiques depuis 1654 jusqu'en 1807 sont recueillies p. 30. — 160 du Mémoire sur les principes etc. de
1812, ci-dessus allégué. De Martens recueil, en divers endroits, p. e. V. 258 et suiv., et dans le Supplément, III. 528—
557. V. 433 — 549. Du même, Erzahlungen merkwürdiger
Falle des neuern europ. Volkerrechts. Bd. I. et II. Gött. 1800
et 1802. 8. Officielle Acten-Stücke, die CommercialVerhalt-
nisse Frankreichs mit England und den vereinigten Staaten
Amerika's betr.; dans v. Fauxenpenc's Magazin für die Hand-
lund, Bd. I, Heft 3 (1810. 8.), S. 261—275, la continuation
dans les volumes suivans.

""). Là dessus voyez ci-haut, § 70, not. b.

§ 292.

Lois.

L'incertitude qui règne à cet égard, et les suites
fâcheuses qu'elle entraîne, font vivement désirer
un code maritime général de l'Europe, composé
du consentement unanime de toutes les puissances
intéressées a). Ni les lois maritimes des Rhodiens,
ni celles d'Oléron et de Wisby, ni le fameux Con-

solato del mare b), n'ont été, dans aucun temps, généralement observés. Cependant ce dernier eut force de loi sur les côtes de la Méditerranée, en Espagne, en Italie, et même aux îles de l'Archipel, jusqu'à ce que Charles V, Philippe II, Louis XIV, et d'autres gouvernemens donnèrent des lois particulières. Surtout depuis le milieu du dix-septième siècle, plusieurs puissances ont publié des lois et ordonnances sur cet objet *c)*. Dans le temps récent, il n'y a que peu de traités qui permettent aux neutres le passage entièrement libre dans les ports des puissances belligérantes, toutefois ceux exceptés qui sont en état de blocus *d)*.

a) Il a été publié un projet d'un pareil code , sous ce titre : Essai sur un Code maritime général européen, pour la conservation de la liberté de la navigation et du commerce des nations neutres en temps de guerre ; à Leipsig 1782. 8. , et en allemand , sous le titre suivant : Versuch über ein allgemeines europaisches Seerecht, zu Erhaltung des Seehandelsneutraler Volker in Kriegszeizen. Leipz. 1782. 8. Cet essai doit être considéré comme continuation , et, en quelque manière, comme le second volume de l'ouvrage allégué au § précédent intitulé : La liberté de la navigation, etc.

b) On trouve toutes ces lois maritimes, dans la Biblioteca di Giusnautico, Firenze T. I. II. 1785. 4., et traduit en allemand dans J. A. ENGELBRECHT Corpus juris nautici. Lubeck 1790. 4. — Pour ce qui regarde le *Consolato del mare*, traduit dans presque toutes les langues européennes, la traduction italienne est

celle qui est le plus généralement répandue sous ce titre : Il
Consolato del mare, colla spiegazione di G. M. Casaregi. Ve-
nezia 1734. 4. Des traductions françaises ont été données par
Clairac à Bordeaux en 1661, et par P. B. Boucher en 1808 à
Paris. — L'histoire de ces lois maritimes est traitée dans les
livres suivans. The history of de Law of Shipping and Navigation, by J. Reeves. Lond. 1692. 8. Origine et progrès du droit
et de législation maritime, par M. Azuni. à Paris 1810. 8. —
Voyez des écrits sur ces lois maritimes, et sur celles des puissances européennes, dans v. Kamptz neue Lit., § 155 ff.

c) G. F. v. Martens Gesetze und Verordnungen der einzelnen
europ. Mächte, über Handel, Schiffahrt und Assecuranzen.
Göttingen Th. I. 1802. Th. II. 1804. 8. Aussi sous le titre suivant : Lois et ordonnances des diverses puissances européennes concernant le commerce, la navigation, etc.

d) Une pareille liberté de la navigation, sans visite fut sti-
pulée dans le traité de commerce, conclu en 1742 ente la
France et le Danemarck, art. 20. Wenck codex juris gen
I. 612.

§ 293.

Visite des navires marchands neutres.

Lorsqu'un navire marchand neutre rencontre
un vaisseau de guerre ou un armateur d'une puissance belligérante, dans le territoire maritime de
celle-ci, ou dans celui d'un de ses alliés, ou en
pleine mer, il doit, selon l'usage des nations européennes, sur un signal qui lui est donné (se-
monce ou coup d'assurance), l'approcher et se

soumettre à une vérification, que le bâtiment, ainsi que le maître et l'équipage appartiennent en 'effet à un état neutre, et qu'ils n'amènent point de contrebande de guerre à l'autre puissance belligérante *a*). S'il navigue *sous convoi*, c'est-à-dire sous l'escorte d'un ou de plusieurs vaisseaux de guerre neutres, la vérification consiste dans la *déclaration* de l'officier commandant le convoi, donnée sous parole d'honneur, que le vaisseau, ainsi que le maître et l'équipage, appartiennent à son état, et que le premier ne conduit aucune marchandise sujette à confiscation *b*).

a) Il y a nombre de discussions sur la légitimité de cette visite, lorsqu'elle n'est point stipulée par des traités. Voyez les écrits suivans. Sur la visite des vaisseaux neutres sous convoi, ou examen impartial du jugement prononcé par le tribunal de l'amirauté anglaise, le 11 juin 1790, dans l'affaire du convoi suédois; par M. J. F. W. Schlegel Traduit du danois par M. de Juge, à Copenhague 1800. 8. Aussi en allemand, sous ce titre : Ueber die Visitation der neutralen Schiffe, von J. F. W. Schlegel. Copenh. 1800. 8. Remarks on M. Schlegel's work upon the Visitation of neutral vessels under convoy, by Alex. Croke. 1801. 8. A treatise of the relative rights and duties of belligerant and neutral powers in maritime affairs, in which the opinions of Hubner and Schlegel are fully discussed. Lond. 1801. 8. A. W. B. v. Uechtritz von Durchsuchung der Schiffe neutraler Völkerschaften. Rothenburg an der Fulda 1801. 8., aussi dans Siebenkees jurist. Magazin, Bd. II, Num. 2, S. 52-50. M. H. Bornemann über die gebrau chliche Visitation der neutralen Schiffe, und über die Convoi. Aus dem Dänischen, von C. E. Primon. Copenhagen 1801. 8. (Voici le titre de l'original, qui a paru à Copenhague en 1801 : Over den brugelige Visitation af neutrale Skibe og Convojen. Af M. H. Bornemann.) Originale Actenstücke über die letzte Irrung zwischen Dänemark und England, und die neueste nordische Convention. Mit Einleitung herausgegeben von C. U. D. v. Eggers. Copenhagen 1801. 8. v. Martens Erzählungen merkwürdiger Fälle des neueren europäischen Völkerrechts, B. d. I, S. 299, Bd. II, S. 8-58. Moser's Versuch, X. 1. 360. Schmidlin diss. cit. § 66. sqq.

. *b*) Cependant cette vérification a souvent été jugée insuffisante dans les derniers temps. Voyez les écrits ci-dessus allégués, et de Martens précis du droit des gens (edit. 2), § 326, note n. Contestation entre la Grande-Bretagne et la Suède en 1799, dans de Martens Erzählungen merkwürd. Fälle, I. 299. Débats entre la Grande-Bretagne et le Danemarck, en 1800, relativement à la frégate danoise Freya. Politische Journal, août 1800, S. 781, 860. 863. Dans plusieurs traités, conclus depuis 1780, la question est décidée affirmativement. Traité de commerce entre la Prusse et les Etats-Unis d'Amérique, de 1785, art. 14, dans de Martens recueil, II. 572, et celui entre la Prusse et le Danemack de 1818, art. 19. Traités de la Russie avec la Suède, le Danemarck, et la Prusse, de 1800 et 1801, concernant la neutralité armée, dans de Martens recueil, supplément, II. 393. 402. 409. De Martens essai concernant les armateurs, ch. 2. § 20. Comparez aussi Moser's Versuch, X. 1. 358. — Il est des auteurs qui exigent, outre la déclaration du capitaine, au moins la production d'une preuve écrite, que le vaisseau appartient à un état neutre. Aussi les Provinces-Unies des Pays-Bas se prétèrent-elles, en 1762, à cette production. Une visite modifiée, même des vaisseaux marchands naviguant sous convoi, fut accordée, mais seulement aux vaisseaux de guerre, dans la convention maritime conclue le 17 juin 1801 entre la Russie et la Grande-Bretagne, art. 4, à laquelle accédèrent aussi la Suède et le Danemarck. Voy. de MARTENS recueil, supplément, II. 478. — De même, il peut être contentieux, si un vaisseau sous pavillon de guerre soit véritablement un vaisseau de guerre. Une pareille contestation eut lieu, en 1782, entre le Danemarck et l'Espagne, relativement à la corvette S.-Jean.

§ 294.

Continuation.

Le navire marchand naviguant *sans convoi*, la vérification se fait moyennant la production et l'examen des *papiers de mer* et des *livres de bord a*) (*Seebriefe*). La propriété et la destination de la cargaison sont constatée par la charte-partie (affrétement ou nolissement, *carta partita, Certe-Partie*), le connaissement, et le certificat d'une autorité sur la déclaration (*Verklarung*) qui lui a été faite sous serment; la propriété neutre du navire est prouvée en outre, ou par l'acte de propriété (*Byl-* ou *Bielbrief*), ou par d'autres actes dûment expédiés exprimant le titre du propriétaire; la neutralité du maître ou patron chargé de la conduite du navire (*Schiffer*), ainsi que celle de l'équipage, est constatée par le passe-port ou la patente de navigation, par le rôle d'équipage (*Muster-* ou *Equipage-Rolle*), et par des lettres de naturalisation. Si les lettres de mer donnent des soupçons, la *visite* du navire peut avoir lieu, mais dans les formes stipulées ou d'usage *b*).

a) LAMPREDI, I. 161. 187. SCHMIDLIN, § 67. sq. JACOBSEN, II. 250-453. — Quelques traités ou ordonnances exigent que le vaisseau ne soit point construit par l'ennemi, ni qu'il lui ait appartenu depuis le temps de la guerre, excepté s'il aurait été pris sur lui et adjugé au vendeur comme bonne prise ; d'autres veulent que tous les employés et au moins trois quarts ou deux tiers des matelots soient sujets de la puissance neutre. SCHMID-LIN diss. cit. § 59. n. 1. et 2.

b) Voir de MARTENS essai concernant les armateurs, ch. 2, § 18 et suiv. NAU's VölkerSeerecht, § 164 ff. AZUNI dans le livre allégué, II. 260 et suiv. SCHMIDLIN diss. cit. § 69. — Il est établi par plusieurs traités que le vaisseau qui veut visiter un navire marchand doit s'arrêter hors de la portée du canon, détacher une seule chaloupe, et ne faire monter à bord que deux ou trois hommes qui, dans cet état d'infériorité par lequel l'honneur du pavillon est suffisamment garanti, se font présenter les passe-ports et les connaissemens du navire. Paix d'Utrecht, entre la Grande-Bretagne et les Provinces-Unies des Pays-Bas, de 1713, art. 24. Traité de commerce de 1778, entre la France et les Etats-Unis d'Amérique, art. 27. Traité de commerce entre la France et la Grande-Bretagne, de 1786, art. 26. Traité de commerce entre la Russie et l'Autriche, de 1784, dans les édits publiés par l'une et par l'autre des parties contractantes, datés de 1785, art. 13 et 15, dans de MARTENS recueil, II. 625. 637. Traité de commerce entre la Prusse et les Etats-Unis d'Amérique, de 1785, art. 15. De MARTENS, II. 573. Traité de commerce entre la Suède et les Etats-Unis d'Amérique, de 1783, art 15. Traité entre la Prusse et le Danemarck de 1818, art. 19.

§ 295.

Procédure par rapport aux prises.

Si le capitaine du vaisseau de guerre ou l'armateur, d'après le résultat de la vérification ou de la visite, a lieu de croire que le navire marchand pourrait être *entièrement* sujet à condamnation, il est en droit de l'amener, sans cependant se l'approprier par voie de fait, ni maltraiter l'équipage *a*). Il doit le conduire, s'il est possible, dans un port de son souverain, ou l'y faire conduire par un officier (conducteur de la prise), et y attendre du jugement du conseil des prises (*Prizecourt*) ou du tribunal d'amirauté compétent, qu'il soit, ou non, déclaré de bonne prise. Ceci donne souvent lieu à une procédure formelle (*Reclame-Process*), même en plusieurs instances *b*). Lorsqu'au contraire le vaisseau de guerre ne prétend qu'à une *partie* de la cargaison, et que le navire s'offre à céder cette partie, il doit être relâché de suite *c*); principe de droit qui cependant n'est que trop souvent négligé, et fait naître de nombreuses réclamations. Le navire se refusant à abandonner ce qu'il a de contrebande, ou ce que l'officier commandant du vaisseau de guerre prétend être tel, il demeure arrêté, et c'est encore aux tribu-

naux compétens à décider. La preuve en pareil
cas est à charge du maître du navire marchand *d*).
Le jugement est rendu suivant les dispositions des
traités publics, et, à défaut de traités, d'après les
principes du droit des gens naturel *c*), les lois du
pays n'y entrent pour rien, à l'exception de ce
qui regarde les frais de la procédure.

a) Aussi est-il ordinairement défendu aux vaisseaux de guerre
et aux armateurs d'accorder la rançon.

b) De Martens essai concernant les armateurs, ch. 2, § 25 et
suiv. Du même, Grundsatze des Handlungsrechts, § 229 ff.
— Ecrits relatifs à la matière des prises maritimes : Laws, Or-
dinances et Institutiones of the Admirality of Great-Britain,
Civil and Military. Lond. 1746. 2 vol. 8. The Spirit of Marine
Law. By John Irwing Maxwell. Lond. 1800. 8. Reports of
Cases argued et determined in the high Court of Admiralty,
commencing with the Judgements of the right Honorable Sir
William Scott. By Chr. Robinson. Lond. 1800 et suiv. Vol. I-IV.
8. Décisions in the high Court of Admiralty, during the time of
Sir George Hay and of Sir James Marriot, late Judges of that
Court. Lond 1801. 8. Collectanea Maritima being a Collection of
publick instruments tending to illustrate the history and prac-
tice of Prizelaws. By Robinson. Lond. 1801. 8. A Treatise on
the civil Laws and on the Lows of the Admiralty. By Arthur
Brown. Lond. 1802. Vol. I. II. 8. Formulare instrumentorum,
or a Formulary of authentic Instruments, writs and standing
orders used in the high Court of admiralty of Great-Britain.
Perused and approved as correct by Sir James Marriot. Lond.
1802. Lebeau, nouveau code des prises, ou recueil des
édits etc., depuis 1400 jusqu'à 1789. Paris, an IX. T. I-IV. 8.

Code des prises et du commerce de terré et de mer; par F. N.
Dupriche-Foulaines. Paris an XIII. — 1804. T. I. II. Kaper-
Grausamkeit gegen die Neutralen. Aus dem Engl. 1801. 8.
Merkwürdige Entscheidungen der londoner und pariser Pri-
sen-Gerichte über neutrale, in den letzten Jahren dieses
Kriegs aufgebrachte Schiffe. Altona 1802. 8. Traité sur les
prises maritimes. à Paris 1822. 2 vol in-12. Abreu, dans le li-
vre allégué plus haut (§ 261). Schmidlin l. c. § 72. sq. — En
Angleterre c'est au high Court of Admirality, en sa qualité de
Prizecourt, qu'appartient le jugement des prises. Jacobsen,
I. 19 et suiv. En France on a établi un Conseil des prises, par
un décret des Consuls, daté du 6 Germinal an VIII. Ledeau,
T. IV, p. 460. Jacobsen, I. 23 et suiv. Code de la compétence
des autorités constituées de l'Empire français, par Y. C. Jour-
dain (à Paris 1811. 8.), T. III. p. 358-360.

c) Traité de commerce et de navigation entre la Grande-Bretagne
et les États-Unis d'Amérique, de 1795, art. 17. De Martens
recueil, VI. 369. Traité entre la Prusse et le Danemarck de
1818, art. 10.

d) De Steck essai etc. p. 68.

e) Déclaration de la Grande-Bretagne, en date du 28 février
1780, dans de Martens recueil, VI. 345. Traité de commerce
entre la France et la Grande-Bretagne, de 1786, art. 25 et
suiv.

§ 296.

Juge compétent dans les causes de prises:

L'Océan étant parfaitement libre (§ 132), les
puissances belligérantes n'y peuvent exercer aucune domination sur les navires marchands des

neutres. Ces navires ne sont pas plus obligés à se soumettre, dans quoi ce soit, aux vaisseaux de ces puissances, que leurs gouvernemens ne reconnaissent, en vertu de leur indépendance politique, ni quelque supériorité des gouvernemens qui font la guerre, ni un juge commun. La conséquence en est, que d'après le droit des gens naturel, aucun tribunal n'est compétent dans les causes de prises, si le navire a été arrêté en pleine mer *a*). Autrefois, les traités attribuèrent assez souvent la compétence aux tribunaux d'amirauté de l'état neutre *b*). L'usage moderne, au contraire, reconnaît le plus généralement la juridiction de l'état belligérant *c*), soit parce qu'elle est en quelque sorte fondée par la saisie (*forum arresti*), soit en posant en principe que le propriétaire de la prise, en qualité de demandeur, doit poursuivre le défendeur par devant ses propres tribunaux. Du reste, ni l'un ni l'autre de ces motifs ne peut être appliqué, lorsque la prise a été conduite dans un port d'une tierce puissance, comme cela arrive quelquefois dans des cas de détresse ; alors la juridiction de l'état belligérant est plus souvent contestée, même par la tierce puissance *d*).

a) Hubner de la saisie des bâtimens neutres, T. II. P. 1. ch. 2: Cependant cette question est contentieuse, même d'après le droit des gens naturel. Comparez Galiani, B. I. Cap. 9, § 8. Lampredi, T. I. § 14. Nau's Völker Seerecht, § 216.

b) Nau dans le livre allégué.

c) De Steck essais etc., p. 82 et suiv.

d) De Martens essai concernant les armateurs, ch. 2, § 36, 37.

§ 297.

Commerce avec des lieux bloqués.

Un lieu *bloqué*, soit-ce un port, une place forte, une ville, un camp, une côte, etc., est celui où il y a, par les dispositions de la puissance qui l'attaque avec des troupes ou des vaisseaux stationnés et suffisamment proches, danger évident à entrer sans le consentement de cette puissance *a*). Un pareil endroit, en tant qu'il est consé, d'après cette détermination, être bloqué, p. e. un port du côté de la mer, doit être regardé par les neutres comme étant au pouvoir de la puissance belligérante qui le tient bloqué. Donc cette puissance est en droit d'exclure à volonté les états neutres et leurs sujets de *tout commerce*, soit navigation, soit commerce proprement dit, avec ce même lieu. L'époque du commencement du blocus doit, en général, être fixée d'après la détermination ci-dessus; cependant il ne peut dans aucun cas porter préjudice aux vaisseaux et aux individus commerçans avant qu'ils en aient été suffisamment instruits *b*). Ce qu'il y a

II.   8

de certain, c'est qu'une pure déclaration verbale
de l'une des puissances belligérantes (blocus sur
papier) ne peut établir un blocus dans le sens et
avec les suites légales du droit des gens c).

a) SCHMIDLIN l. c. cap. 44. Voyez la convention maritime, conclue le 17 juin 1801 entre la Russie et la Grande-Bretagne, art.
3, n° 4, dans de MARTENS recueil, supplément, II. 478; Comparez aussi les conventions de la Russie, relativement à la neutralité armée, conclues avec la Suède et le Danemarck le 16
déc. 1800, et avec la Prusse le 18 déc. 1800, dans le même
livre, II. 393. 402. 409, ainsi que la déclaration faite, en 1780,
par le gouvernement Russe aux cours de Londres, de Versailles, et de Madrid, dans de MARTENS recueil, II. 75. — Le
traité de commerce, conclu en 1742 entre la France et le Danemarck, art. 20, établit pour règle, que nul port ne doit être
considéré comme bloqué, si l'entrée n'en est fermée au moins
par deux vaisseaux, ou par une batterie de canons placée sur
la côte, de manière que les navires n'y pourraient entrer sans
un danger manifeste. WENCK codex jur. gent. I. 613. Dans le
traité de commerce, conclu en 1753 entre la Hollande et le roi
des Deux-Siciles, art. 22, il est convenu que nuls ports ou
villes ne seraient tenus pour assiégés ou bloqués, à moins
qu'ils ne fussent investis, soit par mer, par six vaisseaux de
guerre au moins, à la distance d'un peu au delà de la portée
du canon de la place, soit du côté de terre, par des batteries
élevées et autres ouvrages, tellement qu'on ne pourrait y entrer sans passer sous le canon des assiégeans. MOSER's Versuch,
VII. 588. Le port doit être bloqué par vingt vaisseaux, d'après
le traité entre la Prusse et le Danemarck de 1818, art. 18.

b) Cette question est très-contentieuse, surtout dans l'application
du principe. F. F. L. PESTEL diss. selecta capita juris gentium

maritimi, § 11. Les traités sus-mentionnés (note a) conclus par la Russie avec la Suède, le Danemarck et la Prusse, exigent expressément que les bâtimens naviguant vers un port bloqué ne soient jugés avoir contrevenu à la convention que lorsqu'après avoir été avertis par le commandant du blocus de l'état du port, ils auraient tâché d'y pénétrer en employant la force ou la ruse.

c) Surtout dans les guerres maritimes qui ont eu lieu depuis 1792, quelques puissances ont établi un système de blocus très-étendu, d'après lequel des côtes et pays entiers ont été déclarés en état de blocus. Déjà depuis 1775, où la France prit part à la guerre des colonies anglo-américaines contre la Grande-Bretagne, la cour d'amirauté britannique déclara que les ports de France étaient, par leur position, tenus naturellement en état de blocus par les ports d'Angleterre. Contre ce principe, voyez le Mémoire de 1812, allégué plus haut (§ 291), § 11 et suiv. — Au système de blocus des Anglais (voyez JACOBSEN, I. 556-665.) fut opposé, depuis 1806, par Napoléon le système continental (§ 311 et suiv.).

§ 298.

Mesures contre ce commerce.

La puissance qui tient le blocus peut user de force et se faire droit envers les neutres qui, contre sa déclaration expresse, ont sciemment fait ou tâché de faire le commerce avec le lieu bloqué. Ordinairement on se contente de la confiscation du navire et de la cargaison, mais quelquefois

ceux qui ont enfreint les droits du blocus sont
aussi punis personnellement. La cargaison est souvent restituée, si le propriétaire ou son commis-
sionnaire neutre prouve qu'il avait donné l'ordre
de transporter la marchandise sur mer avant que
le blocus fût connu, et qu'il n'avait pu révoquer
cet ordre avant l'époque fixée pour le départ *a*).

a) Jacobsen, I. 560 et suiv. Nau, § 208.

§ 299.

*Biens ennemis dans des navires neutres, et biens neutres dans des navires
ennemis.*

Sur l'Océan, tout navire est censé être exterri-
torial, par rapport à toutes les nations étrangères
(§ 132 et 296). Un navire marchand doit être considéré comme une colonie flottante de son état. En
conséquence, aucune puissance belligérante ne
devrait se permettre sur l'Océan de visiter un navire neutre, ni de confisquer les biens ennemis
qui pourraient y être chargés, et bien moins encore de s'approprier le navire pour la raison que
la cargaison appartient à son ennemi. C'est ce qui
est exprimé par le proverbe de droit : *le pavillon
neutre couvre la cargaison a*) (*die neutrale Flagge*

deckt die Waaré, ou *freies Schiff, freies Gut*),
c'est-à-dire, le navire neutre rend la cargaison
neutre. Il en est de même des biens des neutres
chargés sur des navires ennemis, lesquels la puissance belligérante n'est pas plus en droit de confisquer, que s'ils se trouvaient dans le territoire
continental de son ennemi *b*).

a) Hubner de la saisie des bâtimens neutres, I. 198 et suiv. 211.
J. F. W. Schlegel über die Visitation der neutralen Schiffe,
S. 53. — La question a été discutée dans une dispute qui eut
lieu, en 1752, entre la Grande-Bretagne et la Prusse. Voyez
Behmeri jus nov. controv. T. I. obs. 1., et de Martens Erzählungen merkw. Fälle des europ. Volkerrechts, I. 236-284. —
M. Jouffroy soutient que la propriété d'une nation en guerre,
chargée sur un navire neutre, doit être inviolable, au seul
cas près où le navire a été chargé dans un port de cette nation, et est destiné pour un autre port quelconque de la même
nation, ou pour un port d'un de ses alliés faisant cause com-
mune avec elle dans la même guerre. Voyez son Droit des
gens maritime universel, allégué plus haut, et en allemand
dans les Europaischen Annalen, 1807, St. X, S. 60 ff. 69 ff.
Comparez aussi: Abhandlung, macht ein neutrales Schiff die
Ladung allemal frei? von M. P..., dans la berliner Monatschrift
v. 1802, Nov., S. 338-353. — D'autres auteurs soutiennent
que, d'après le droit des gens naturel, il soit loisible dans tous
les cas de prendre les biens de l'ennemi dans les navires neutres. Grotius, lib. III. c. 6. § 6. et 26. n. 2. Loccenius de jure
maritimo, lib. II. c. 4. § 12. Voetius de jure militari, c. 3.
§ 21. Heineccius diss. cit. c. 2. § 9. Bynkershoek quaest. jur.
publ. lib. I. c. 14. Azuni, T. II. p. 179. Lampredi, T. I. § 10.
sq. Charles Jenkinson, dans son Discourse on the conduct of

the government of Great-Britain in respect to neutral nations;
dans le Supplement to the collection of treaties (Lond. 178).
8.), p. 101 et suiv., et à la tête de la nouvelle édition de la Collection of treaties, qui a paru à Londres en 1785 en trois volumes in-8°.

- *b*) Grotius, lib. III. c. 6. § 5. Heineccius, l. c. Bynkershoek
l. c. lib. I. c. 13. Un proverbe allemand dit : « *verfallenes Schiff,
nicht verfallenes Gut.* »

§ 300.

Principes actuellement observés à cet égard.

Cependant ces principes du droit des gens naturel n'ont pas toujours été suivis en Europe. Le
Consolato del mare (cap. 273), qui a été fait vers
le milieu du treizième siècle, posa en principe la
liberté absolue de la propriété des neutres, c'est-
à-dire que la propriété ennemie, embarquée sur
un navire neutre, serait confisquable, mais que la
propriété neutre dans un navire ennemi ne le serait
pas (*frei Schiff, unfrei Gut; unfrei Schiff, frei Gut*).
Ce principe a été reconnu presque dans tous les
traités et par tous les tribunaux maritimes, jusqu'au
milieu du dix-septième siècle *a*).

a) Lampredi, I. 122. Jenkinson, p. 110. Nau, § 175. 190.
Azuni, II. 198. sq.

§ 301.

Continuation.

Mais depuis cette époque jusqu'à l'origine du système de la neutralité armée adopté en 1780, beaucoup de traités *a*) ont sanctionné deux principes contraires *b*); savoir, que le pavillon ou le navire couvre la cargaison ou la marchandise (ou pavillon ami sauve marchandise ennemie, ou *frei Schiff, frei Gut*), et que le navire confisque la cargaison (*unfrei Schiff, unfrei Gut*), ou *verfallenes Schiff, verfallenes Gut*, c'est-à-dire qu'un bâtiment neutre a le droit de transporter librement les propriétés ennemies, à l'exception de la contrebande de guerre, et que les propriétés amies, embarquées sur un bâtiment ennemi, peuvent être confisquées avec le bâtiment.

a) Voyez sur ces traités les écrits suivans : Büsch über die durch den jetzigen Krieg veranlasste Zerrüttung des Seehandels. Hamb. 1793. 8. Du même, Bestreben der Völker, sich im Seehandel recht wehe zu thun (Hamb. 1800. 8), cap. 2., et Schlegel über die Visitation der neutralen Shiffe, S. 55 ff. Depuis 1642 jusqu'en 1780, il y a eu trente-six traités dans lesquels est adopté le principe que le pavillon ou le bâtiment couvre la cargaison, et quinze seulement qui ont suivi le contraire. Comparez aussi Hubner T. II. P. 2. ch. 4. Lampredi,

I. 125. La liberté de la navigation, § 97. 100. sqq. GALIA-
NI, B. I. Cap. 10, SCHMIDLIN diss. cit. § 59.

b) Pour la première fois, un traité de l'Angleterre avec les villes
commerçantes espagnoles, en 1351. Du MONT corps dipl. T. I,
P. 2, p. 265. Puis, une capitulation conclue entre la France et
la Porte ottomane, en 1604, et renouvelée en 1740. WENCK
cod. jur. gent. I. 595. Ensuite, plusieurs traités conclus par
la Grande-Bretagne, savoir avec le Portugal en 1654, art. 23.
(Du MONT, T. VI, P. 2, p. 84); avec la France en 1655, art. 15
(LÉONARD, T. V, p. 53), en 1667, art. 8, en 1713 à Utrecht,
art. 17 et suiv. et art. 27 (SCHMAUSS, II. 1344), en 1763, art.
2, en 1783, art. 2, et en 1786, art. 2 et 29; avec les Provinces-
Unies des Pays-Bas en 1668, art. 10, en 1674, art. 8; avec
l'Espagne en 1667, art. 21 et suiv.; avec la Russie en 1766,
art. 10. De même, les traités de commerce conclus par les
Etats-Unis d'Amérique, en 1778 avec la France, art. 23, en
1783 avec la Suède, art. 7, et en 1785 avec la Prusse, art.
12 et suiv., et enfin le traité d'alliance défensive, formé en 1785
entre la France et la Hollande, art. 8, dans lequel cependant,
comme dans le traité de paix d'Utrecht, et dans celui entre la
Prusse et le Danemarck de 1818, art. 17, la question importante, de savoir si la propriété neutre, embarquée sur un bâtiment ennemi, doit être sujette à confiscation, est restée indé-
cise. De MARTENS recueil, II. 571. Lettre de M. JEFFERSON,
secrétaire d'état des Etats-Unis d'Amérique, du 16 août 1793,
dans le Allgemein. Anzeiger des kosmograph. Bureau (par
M. de LIECHTENSTERN, à Vienne 1814. 8.), p. 168-170.— Comparez aussi les notes du Moniteur universel (de Paris) du 8
mai 1812, sur la déclaration du gouvernement anglais du 21
avril de la même année, aussi dans la Gazette de Francfort de
1812, no 134, note 11.

§ 302.

Conclusion.

Il y a eu cependant plusieurs traités dans lesquels on a conservé les anciens principes, avec cette modification seulement, qu'il est défendu de fournir de la contrebande de guerre à l'ennemi, et de faire le commerce avec les lieux bloqués *a*). Un petit nombre de traités permet aussi à la puissance belligérante de confisquer sur des navires neutres non-seulement la propriété ennemie, mais aussi la contrebande de guerre destinée pour l'ennemi *b*). Du reste, beaucoup de traités ne contiennent aucunes dispositions suffisamment claires et générales sur cet objet *c*). Il y a même plusieurs états, entre lesquels il n'existe, à cet égard, aucune détermination conventionnelle *d*). La France avait établi, par une loi de 1681 *e*), que la marchandise ennemie à bord d'un bâtiment neutre devait rendre confiscable le vaisseau et le reste de la cargaison. Mais aujourd'hui cette puissance a reconnu publiquement le principe, que le pavillon couvre la marchandise *f*), tandis que la Grande-Bretagne s'est déclarée pour l'opposé (§ 310 et suiv.).

a) Traités conclus par la Grande-Bretagne avec la Suède en 1661, art. 11 et 12, avec le Danemarck en 1670, art. 16 et 20 (Schmauss corp. jur. gent. I, 757. II. 2307. I. 957), avec la Suède le 25 juillet 1803, pour déclarer l'art. 11 du traité de commerce conclu le 21 octobre 1661 (Politisches Journal, 1803, septembre, S. 924 f.), et avec le Danemarck en 1780, pour déclarer le traité de 1670, dans de Martens recueil, II. 102.

b) Traité entre la France et les villes Anséatiques, de 1716, art. 13. Schmauss C. J. G. II. 1617. sq. (Dans un traité antérieur, conclu en 1655, ces mêmes contractans avaient adopté un autre principe.) Traité de commerce entre la Grande-Bretagne et les États-Unis d'Amérique, de 1795, art. 17, dans de Martens recueil, VI. 369. — Dans un traité de commerce, conclu le 1er avril 1769 entre la France et les villes anséatiques, art. 13, il fut stipulé que la France, si elle faisait la guerre, serait en droit de confisquer non-seulement toutes les marchandises ennemies embarquées sur des bâtimens anséatiques, mais aussi les marchandises anséatiques qui se trouveraient sur des navires ennemis. Moser's Versuch, VII. 492.

c) On peut citer pour exemple les traités de commerce conclus entre la Russie et la Grande-Bretagne, en 1734, 1766, 1793 et 1797, dans de Martens recueil, I. 141. V. 108. VI. 722.

d) De Martens Erzählungen merkwürd. Fälle des neuern europ. Völkerr., I. 236 ff.

e) Ordonnance de la marine en 1681, liv. III. tit. 9. art. 7. Comparez plus haut § 290, note b. Aussi la France a-t-elle souvent appliqué cette loi, surtout après qu'elle fut renouvelée le 18 janvier 1798. Voyez de Martens recueil, VI. 774. Cependant elle a été abolie par un arrêté des Consuls du 29 frimaire an 8 (20 déc. 1798), qui rétablit le règlement du 26 juillet 1778. De Martens, IV. 198. VII. 376.

f) Exposition complète du système français, dans un rapport du ministre des affaires étrangères, lu dans la séance du sénat-conservateur le 10 mars 1812. Moniteur du 16 mars 1812. Gazette de Francfort, 1812, n° 81. Lettres de ce ministre d'état adressées au ministre des Etats-Unis d'Amérique à Paris, en date du 22 août 1809 (dans la Gazette de Manheim, 1809, n° 213) et du février 1810 (ibid. n° 62 et 65, et dans le Mémoire de 1812, allégué plus haut § 291).

§ 305.

Neutralité armée pour protéger le pavillon neutre.

1) Depuis 1780.

Même les droits conventionnels du pavillon neutre ne furent pas toujours dûment respectés par les puissances belligérantes, surtout depuis que la France et l'Espagne (en 1778 et 1779) avaient pris part à la guerre entre la Grande-Bretagne et ses colonies d'Amérique *a*). La définition de la contrebande de guerre, et celle d'un port bloqué, furent souvent étendues et appliquées à volonté. Enfin ces mesures arbitraires portèrent la *Russie* à établir, en 1780, *un système de principes*, en faveur de la *navigation* et du *commerce des neutres*, appelé depuis *système* de *neutralité armée b*). En suite de ce système, les puissances belligérantes qui se seraient refusées à le recon-

naître devaient y être contraints par une force
navale des nations neutres.

a) Büsch Bestreben etc. , Cap. 5 , S. 209-252.

b) v. Ompteda's Lit. § 321. v. Kamptz neue Lit. S. 303. Büsu
Welthandel (4. Ausg.) S. 441 ff. The History of England from
the accession of King George the third to the conclusion of
peace in the year 1783 (Lond. 1802. 8.) vol. III , p. 350-354.
Koch. abrégé de l'histoire des traités, T. II. p. 201-207. Politisches Journal v. 1801, April, S. 329 ff. The secret history
of the armed neutrality together with memoirs, official letters
and state-papers illustrative of that celebrated confederacy:
never before published. Written originally in French by a
German Nobleman. Translated by A***** H****. London (Ratisbonne) 1792. 8. L'original de cet écrit parut, plus tard ,
sous le titre suivant : Mémoire ou précis historique sur la neutralité armée et son origine, suivi de pièces justificatives. (à
Ratisbonne) 1795. 8. Il fut aussi imprimé à Basle en 1801
in-8, avec cet addition sur le titre : « par M. le comte de Görtz,
ministre d'état de S. M. Prussienne et son ministre à la diète
de l'Empire » (en 1780 ministre prussien à S. Pétersbourg)·
G F. C. Jungwirth diss. de jure sociorum neutralitatis arma-
tae, contra Anglos. Viteb. 1797. 4. Nouveau mémoire ou précis
historique sur l'association des puissances neutres, connue sous
le nom de Neutralité armée, avec des pièces justificatives ; dans
le Recueil des mémoires et autres pièces authentiques , relatives aux affaires de l'Europe , et particulièrement celles du
Nord, pendant la dernière partie du 18e siècle ; par le baron
Albedyhl, T. I. (à Stockholm 1798. 8.) num. I. Letters of Sulpicius (lord Grenville), on the northern confederacy. With
an appendix, containing the treaty of armed neutrality, together
with other documents relative to the subject. London 1801. 8.
Mart. Adph Koretz Kurze Darstellung des durch Russland

im J. 1780 gegründeten Systems der bewaffneten Neutralität.
Prag 1801. 8. Du même, Vergleichung des Systems der bewaffneten Neutralität mit der nordischen Convention vom J. 1800
und der petersburger Convention vom J. 1801. Prag 1804. 8.
— Sur l'histoire secrète de l'origine de la neutralité armée,
voyez Vie de Catherine II (par J. Castéra), T. II (à Paris
1797. 8.), liv. 9, p. 231-240. J. C. Petri's neuestes Gemälde v.
Lief. u. Esthland , Bd. II. (Leipc. 1809. 8.)

Actes et *écrits officiels* y relatifs : A Collection of publick acts
and papers relating to the principles of armed neutrality.
Lond. 1801. 8. C. W. Doum's Materialien für die Statistik und
neure Staatengeschichte, IV. Lieferung, S. 175-296 (on y
trouve des actes jusqu'au décembre 1781). Aug. Hennings
Sammlung von Staatsschriften, die während des Seekriegs von
1776 bis 1783 bekannt gemacht worden sind, Bd. II (1785 8).
De Martens recueil, II. 74 et suiv. IV. 345 et suiv. Voyez
aussi les pièces justificatives, à la fin des Mémoires du baron
d'Albedyhl et du comte de Gortz, et à celle des Letters of
Sulpicius.

§ 304.

Principes de la neutralité armée.

Ce système de neutralité armée comprend les
principes *a*) suivans, concernant les rapports entre les neutres et les puissances belligérantes, relativement au commerce maritime. 1° Les vaisseaux neutres peuvent naviguer librement de port
en port, et sur les côtes des nations en guerre.

2° Les effets appartenans à des sujets des puissances en guerre sont libres sur les vaisseaux neutres, à l'exception de la contrebande de guerre. 3° Contrebande de guerre sont seulement ces marchandises qui ont été expressément déclarées telles dans des traités *b*). 4° Un port n'est bloqué que lorsqu'il y a, par la disposition de la puissance qui l'attaque avec des vaisseaux stationnés et suffisamment proches, un danger évident d'y entrer. 5° Ces principes servent de règle dans les procédures sur la légalité des prises.

a) Voyez la déclaration de la Russie aux puissances belligérantes (la Grande-Bretagne, la France et l'Espagne), datée du 28 février 1780, dans de Martens recueil, II. 75. Ces principes ont été adoptés, mot à mot, non-seulement dans les actes d'accession donnés peu de temps après par d'autres puissances neutres (§ suiv.), mais aussi, vingt ans plus tard, avec quelques additions, dans les traités conclus par la Russie avec la Suède, le Danemack et la Prusse, sur la seconde neutralité armée (§ 307). De Martens recueil, supplément, II. 393. 403, 409.

b) La *Russie* s'en tint, à cet égard, aux art. 10 et 11 de son traité de commerce avec la Grande-Bretagne, de 1766, en faisant valoir ces dispositions contre toutes les puissances alors en guerre, et par conséquent aussi contre la France et l'Espagne. Le traité de 1766 se trouve dans les Loisirs du chevalier d'Éon, T. V, p. 341 et suiv. De Martens recueil, I. 145. — Le *Danemarck* se rapporta à son traité de commerce avec la Grande-Bretagne, de 1670, y compris la convention additionnelle de 1780, et à son traité de commerce avec la France, de 1662, en étendant les obligations de ce dernier sur l'Espagne. — La

Suède s'en référa également à un ancien traité de commerce avec la Grande-Bretagne (auquel fut ajouté, en 1803, une convention additionnelle), et à son traité avec la France, de 1741, en étendant aussi les obligations du dernier sur l'Espagne, « comme entièrement fondées dans le droit naturel ». — Les *Provinces-Unies des Pays-Bas* se référèrent à leurs traités avec la France, de 1739, et avec l'Espagne, de 1674. — *L'Autriche*, la *Prusse*, le *Portugal*, les *Deux-Siciles*, n'ayant point de traités avec les puissances belligérantes, déclarèrent qu'ils s'en tiendraient aux dispositions du traité entre la Russie et la Grande-Bretagne, de 1766, art. 10 et 11.

§ 305.

Suites de cette neutralité armée.

Ce système de neutralité armée fut formellement *annoncé*, par la Russie, aux puissances belligérantes *a*); et les puissances neutres ayant été invitées à y *accéder*, le *Danemarck*, la *Suède*, la *Hollande*, la *Prusse*, l'*Autriche*, le *Portugal*, et les *Deux-Siciles* l'adoptèrent incontinent *b*). La plupart de ces puissances notifièrent leur accession non-seulement aux puissances belligérantes *c*), mais aussi l'une à l'autre entre elles; à quoi répondirent plusieurs de celles-ci en leur envoyant des actes d'acceptation *d*); de sorte qu'il se forma entre ces états une ligue conventionnelle, connue sous le nom de la *Neutralité armée*, une véritable alliance défensive, ayant pour objet d'assurer les droits des neutres sur mer. La *France* et l'*Espagne*, alors en guerre avec la *Grande-Bretagne*, applaudirent à l'annonce de ce système e). Mais cette dernière puissance déclara qu'elle continuerait à suivre les principes les plus clairs et les plus généralement reconnus du droit des gens, et la teneur de ses traités de commerce f). Son propre intérêt l'empêcha cependant pour la plupart d'inquiéter la navigation et le commerce des neutres g), d'autant plus que ce commerce fut protégé depuis par des flottes de guerre et des frégates qui convoyèrent souvent les navires marchands, et que les puissances neutres parurent en effet être prêtes à défendre en commun leurs prétentions.

a) Déclaration de la *Russie* aux cours (belligérantes) de Londres, de Versailles, et de Madrid, du 28 février 1780, dans de MARTENS recueil, II. 74. Réponse de la cour de Londres, ibid. IV. 345.

b) Ces puissances firent, sur cet objet, des *conventions particulières* avec la *Russie* : le Danemarck le 9 juillet 1780 (de MARTENS, recueil, II. 103.), la Suède 1780 (ibid. 110.), les Provinces-Unies des Pays-Bas le 5 janvier 1781) (ibid. 117.), la Prusse le 8 mai 1780 (ibid. 130.), l'Autriche le 9 octobre 1781 (ibid. I. 17. IV. 404.), le Portugal le 13 juillet 1782 (ibid. II. 208.), les Deux-Siciles le 10 février 1783 (ibid. III. 274.). — En outre, les puissances du Nord se réunirent sur ce que dans la *mer Baltique*, comme mer fermée, les hostilités ne seraient point permises. De Martens, II. 84. 135 et suiv. V. 276. La Grande-Bretagne protesta contre cette disposition, par une déclaration à la cour de St.-Pétersbourg, du 18 déc. 1807. Politisches Journal, Jan. 1808, S. 88.

c) De Martens recueil, IV. 360. 365. 372. 381.

d) De Martens recueil, IV. 369. 371. 379.

e) De la France voyez de Martens, IV. 346. 363. 366. 373. De l'Espagne, ibid. 348.

f) De Martens recueil, IV. 345. 368. VI. 203.

g) Les neutres furent souvent traités avec plus d'indulgence, et il fut enjoint aux armateurs anglais d'agir avec moins de rigueur envers eux. La collection alléguée de Hennings, II. 65. On leur permit même l'importation des marchandises des échelles du Levant et de la Méditerranée, et le commerce avec les Antilles anglaises. Bush Bestreben etc., S. 274 f.

§ 306.

Continuation.

Ce système ayant été destiné en même temps à servir de base à un code maritime universel *a),* il fut bientôt inséré complètement dans plusieurs traités de commerce *b).* Si dans la suite, pendant la guerre de la révolution (1793), la *Russie* et la *Prusse* s'en éloignèrent quelquefois *c),* cette inconstance ne fut que transitoire, et elle donna

II.   9

lieu à la *Suède* et au *Danemarck* de s'y attacher de nouveau *d*).

a) Art. sép. 3 de la convention alléguée entre la Russie et la Prusse, du 8 mai 1781. De MARTENS, II. 136. Mémoire russe adressé aux puissances neutres, du mois d'avril 1790, dans Dohm's Materialien, IV. Lieferung, S. 180. — Presque simultanément les mêmes principes furent proposés, pour être insérés dans un code maritime universel, par l'auteur d'un ouvrage qui a paru en 1780 sous ce titre : La liberté de la navigation et du commerce.

b) Traité de commerce entre la Russie et la France, du 11 janvier 1787, art. 27. Traité de commerce de la Russie avec les Deux Siciles, du 17 janvier 1787, art. 18. De MARTENS recueil, III. 15. 44. — Sur les suites de la neutralité armée, par rapport au commerce d'alors, voyez Büsch Welthandel (4. Ausg.), S. 448 ff.

c) Convention entre la Russie et la Grande-Bretagne, du 25 mars 1793 , art. 4. Convention entre la Grande-Bretagne et la Prusse, du 14 juillet 1793, art. 4. De MARTENS recueil, V. 117. 169. Déclaration de la Russie au Danemarck, du 10 août 1793. ibid. V. 259.

d) Convention entre la Suède et le Danemarck, du 27 mai 1794. De MARTENS recueil, V. 274.

§ 307.

2) Depuis 1800.

La longue durée de la guerre entre la Grande-Bretagne et la France et ses alliés, fit sentir de

nouveau aux puissances du nord le besoin d'assurer, par des alliances défensives, les droits du pavillon neutre a). Il en résulta, en 1800, la *seconde
Neutralité armée*. La Russie conclut à cet effet
plusieurs traités, savoir le 16 décembre 1800 avec
la Suède et le Danemarck b), et, le 18 du même
mois, avec la Prusse c). Les principes de la première neutralité armée y furent sanctionnés de
nouveau, augmentés et interprétés en ce qui parut
néessaire, notamment sur la contrebande de guerre
(§ 288), sur le blocus, sur la visite des navires
marchands (§ 297, note b), sur la question de
savoir si la déclaration de l'officier commandant
le convoi devait en tenir lieu (§ 293), enfin sur la
procédure contre les navires neutres dans les causes de prise.

a) *Politisches* Journal, 1801, April, S. 332 ff. Büsch Welthändel, S. 885 ff.

b) De Martens recuil, supplément, II. 389. 399. Polit. Journal,
1801, S. 333 ff.

c) De Martens, II. 406.

§ 308.

La neutralité armée cède à de nouvelles conventions.

Cependant cette nouvelle neutralité armée ne fut
point adoptée par autant de puissances que la pre-

mière; aussi fut-elle de peu de durée. Six mois après
sa conclusion (le 17 juin 1801), la *Grande-Bretagne*
parvint à s'allier la *Russie*, au moyen d'une *convention maritime a)*, à laquelle le *Danemarck* (en octobre 1801) et la *Suède* (le 30 mars 1802) se virent
obligés d'accéder *b*). Il est vrai que, dans cette nouvelle convention, le commerce des neutres avec les
ports et côtes des puissances en guerre fut également
déclaré libre, à l'exception seulement de celui de
la contrebande de guerre et de la propriété ennemie : mais du reste il fut permis aux vaisseaux de
guerre (non pas aux armateurs) de visiter les navires neutres, et même ceux navigans sous convoi,
dès qu'il y aurait quelque soupçon contre eux.

a) De Martens recueil, supplément, II. 476. Büsch Welthändel, S. 891.

b) De Martens recueil, supplément, III. 193. 196. Büsch, S.
889.

§ 309.

*Elle est adoptée derechef, et une seconde fois abandonnée par la Russie
et par la Suède.*

En attendant, la *Russie* déclara à l'*Angleterre*,
le 16 octobre (7 novembre) 1807, qu'elle regardait la *convention maritime* comme *annulée;* elle

confirma en même temps de nouveau la base de la *Neutralité armée*, en s'engageant «à ne jamais déroger à ce système» *a*). A la même époque le *Danemarck*, ainsi qu'en 1809 (13 mars) la *Suède*, déclarèrent que leurs relations amicales avec l'Angleterre étaient interrompues. Lorsque, dans la suite (le 18 juillet 1812), la paix d'Oerebro fut conclue entre la *Russie* et l'Angleterre, ni la convention maritime de 1801 ne fut renouvelée, ni le système de neutralité armée rétabli. L'on convint seulement que les relations de commerce entre les deux états seraient rétablies, d'après les bases d'usage entre les nations disposées à s'accorder réciproquement des plus grands avantages, objet sur lequel les deux puissances contractantes s'accorderaient aussitôt que possible *b*). La *Suède*, de son côté, rétablit, dans son traité de paix conclu avec l'Angleterre le même jour et au même lieu, ses rapports de commerce avec cet état sur le même pied où ils se trouvaient au 1er janvier 1791, d'après les traités et conventions qui subsistaient à cette époque entre les deux états, lesquels traités furent renouvelés et confirmés *c*).

a) Politisches Journal, Dec. 1807, S. 1175. Journal politique de Mannheim, 1807, n° 338. Réponse de la Grande-Bretagne du 18 déc. 1807, dans le Politisches Journal, Jan. 1808, S. 83. 90.
b) De Martens recueil, supplém. T, VII. p. 227 et suiv.
c) De Martens l. c. T. V. p. 432.

§ 310.

Nouvelles restrictions de la navigation et du commerce maritime.

Par la conduite de la Grande-Bretagne envers les neutres.

Dans la lutte aussi longue qu'opiniâtre entre la Grande-Bretagne et la France, qui se renouvela quatorze mois après la paix d'Amiens (mai 1803), le commerce maritime des neutres, et même toute communication par mer, et par cela aussi le commerce continental dans toute l'Europe, furent réduits à un tel point qu'on ne l'avait jamais vu. La nécessité d'un code maritime universel n'en fut que plus vivement sentie. La *Grande-Bretagne*, surtout depuis 1806, employa sa prépondérance maritime *a)* pour faire valoir contre les neutres le même principe qu'elle avait déjà établi précédemment dans plusieurs traités (§ 302, note b, et § 307), notamment dans ceux avec les États-Unis d'Amérique et avec les villes Anséatiques, portant que le pavillon *ne couvre point* la cargaison ou la marchandise. Elle y joignit la prétention que même les navires marchands naviguans sous convoi devaient se soumettre à la visite de ses vaisseaux de guerre et de ses armateurs. Elle soutint, que des côtes et des provinces entières, dans le sens le plus étendu, pouvaient être

mises en état de blocus par une simple déclaration (blocus fictif ou sur papier), qu'à
cet effet il devait suffire qu'elle donnât une no-
tification publique quelconque (blocus *per no-
tificationem*), ou envoyât croiser sur les côtes en
question des navires armés en guerre (blocus *de
facto*); qu'enfin tout bâtiment neutre naviguant
vers les côtes ou ports désignés devait être ré-
puté avoir rompu le blocus, dès qu'il y aurait de
la probabilité que la déclaration de la mise en
état de blocus était parvenue à sa connaissance
avant ou durant sa course *b*).

a) Jacobsen's pract. Seerecht, I. 556-665. Mémoire etc. de 1812
(allégué plus haut §. 291), p. 16 et suiv. v. Fahnenberg's Magazin für die Handlung, 1812, Heft 2, S. 137 ff. — Cependant
il faut avouer que cette extension de la notion du blocus n'appartient pas exclussivement à la Grande-Bretagne. Voyez
Büsch Bestreben etc. p. 316. — Ecrits *pour* l'Angleterre : Lord
Liverpool's discourse on the conduct of the Gouvernment of
Great-Britain in respect to neutral nations. (Cet écrit parut
après la guerre de sept ans; une seconde édition, revue et augmentée, fut imprimée à Londres 1801, in 8°.) Stephens war
in disguise. (Cet écrit parut durant la guerre de sept ans.)
Jenkinson's discourse (cité plus haut § 299). — Ecrits *contre*
l'Angleterre : Morris answer to war in disguise. Un auteur
anonyme publia, Examination of the British doctrine etc. Mémoire sur la conduite de la France et de l'Angleterre, à l'égard
des neutres. à Paris 1810. 8. Mémoire etc. à Paris 1812 , allégué plus haut § 291. Galiani et de Steck dans leurs écrits cités.
Il parut aussi à Boston un ouvrage relativement aux contesta-

tions entre la Grande-Bretagne et les Etats-Unis d'Amérique ;
dont on a vu des extraits dans le Moniteur de 1810 ou 1811.

b) Si c'est douteux, le premier croiseur anglais rencontrant un
tel bâtiment, ajoute ordinairement la déclaration de la mise en
état de blocus sur les papiers de mer de ce bâtiment, afin qu'il
ne puisse plus alléguer son ignorance.

§ 311.

Par le système français continental, et le système britannique de
blocus.

A ces prétentions de la Grande-Bretagne *Na-*
poléon opposa dans les années 1806 et 1807, par
des décrets datés de Berlin et de Milan, son *sys-*
tème continental, qui défendit non-seulement tout
commerce, mais aussi toute autre communication
avec l'Angleterre, et nommément le trafic de marchandise d'origine anglaise, et des denrées coloniales anglaises, tant pour la France que pour les
états des souverains du continent alliés avec elle.
elle. Ce système continental porta la *Grande Bre-*
tagne, depuis 1807, à un *système de blocus* encore plus rigoureux que celui qu'elle avait suivi
jusqu'alors (§ 310). Des ordres du conseil furent
donnés *a)*, d'après lesquels non-seulement toutes
les côtes, places et ports de la France et de ses
alliés, et en général tous ceux dont le pavillon bri-

tanique était exclu, devaient être regardés, par rapport au commerce et à la navigation, comme bloqués, mais aussi tout commerce des marchandises de production ou fabrique de ces pays ou de leurs colonies restait interdit. — Au système continental français accédèrent la *Prusse*, le *Danemarck* et la *Russie* en 1807, l'*Autriche* en 1809, la *Suède* en 1809 et 1810, la *Hollande* en 1810 *b*). — Les *États-Unis* d'*Amérique* défendirent à leurs sujets, par l'acte de *Non-intercourse* du 1er mai 1810, tout commerce avec les états en guerre, tant avec la France qu'avec la Grande-Bretagne *c*). — Depuis, en 1812, la *Russie* et la *Suède* ont abandonné le système continental français (§309); la *Prusse* l'abandonna en 1813. La chute de Napoléon le renversa, même en France. — Nous allons développer plus particulièrement ces deux systèmes, d'après leur origine et leurs principes *d*).

a) *Orders of council.* On a souvent mal traduit ce terme anglais par ordre de *cabinet.* Ces ordres sont donnés par le conseil privé du roi, d'après la majorité des conseillers privés, qui sont responsables de leurs actions, tandis que le roi ne l'est pas. Comparez le Conversations-Lexicon (2e édit. Leipzig 1812 et suiv. in-8o), Th. III, S. 352 ff.

b) Busch Welthandel, S. 1000. 1013 ff. 1080. Mémoire etc. de 1812, allégué plus haut, p. 24-29. Rapport adressé à Napoléon par son ministre des relations extérieures, du 10 mars 1812,

dans le recueil de M. de Martens, Suppl. V. 538. Paix de Tilsit entre la France et la Prusse, de 1807, art. 27. Déclarations de
la Prusse contre la Grande-Bretagne, en date du 1er déc. 1807,
et du 20 mars 1812. Décret danois du 30 octobre 1807, dans
le Journal de Francfort de 1807, n° 332. Déclaration de la
Russie du 16 octobre (7 nov.) 1807, dans le Politisches Journal de 1807, S. 1169, et dans Schoell pièces offic. T. IX. p. 84.
Ukas de la Russie, dans le Journal de Francfort de 1807,
n° 332. Paix de Vienne entre la France et l'Autriche du 14
oct. 1809, art. 16. Paix de Friedrichshamm du 17 sep. 1809
entre la Russie et la Suède , dans le recueil de M. de Martens,
Supplém. V. 22. 30. Paix de Paris entre la France et la Suède,
du 6 janvier 1810; ibid. V. 233. Traité entre la France et la
Hollande, du 16 mars 1810; ibid. V. 327.

c) Cette défense fut déjà abolie en 1810, à l'égard de la France.
Par rapport à la Grande-Bretagne au contraire, elle fut con-
firmée en 1811, ce qui fit naître une guerre. Comparez plus
bas §. 316, note d.

d) Voyez Manuel diplomatique sur le dernier état de la contro-
verse concernant les droits des neutres sur mer. Leipsic 1814. 8.
Aussi sous ce titre: Le Traité d'Utrecht réclamé par la
France etc.

§ 312.

Système continental français.

D'après le décret de Berlin de 1806.

Le *système continental* de Napoléon, qui devait
embrasser tous les pays alors sous sa domination,
tous les états alliés à la France, et tous ceux pla-

cés sous son influence, prit son origine dans un décret daté du camp de l'empereur à *Berlin* le 21 novembre 1806 a). En voici les dispositions principales :

Les îles britanniques sont déclarées en état de blocus. Tout commerce et toute correspondance avec ces îles sont interdits. En conséquence, les lettres et paquets adressés ou en Angleterre ou à un Anglais, ou écrits en langue anglaise, n'auront pas cours aux postes et seront saisis. Tout individu sujet d'Angleterre, qui sera rencontré dans un pays occupé par des troupes françaises ou par celles des alliés de la France, sera fait prisonnier de guerre. Tous les magasins, marchandises, ou autres propriétés appartenans à des Anglais, seront déclarées de bonne prise. Le commerce des marchandises anglaises est défendu ; et toute marchandise provenant des fabriques ou des colonies anglaises est déclarée confisquée b). Aucun bâtiment venant directement de l'Angleterre ou des colonies anglaises, ou y ayant été depuis la publication de ce décret, ne sera reçu dans aucun port. Les bâtimens qui, au moyen d'une fausse déclaration, contreviennent à cette disposition, seront saisis et confisqués avec leur cargaison, comme s'ils étaient propriétés anglaises.

a) Moniteur de 1806, n° 339. Ce décret mémorable se trouve

aussi dans le Mémoire sur les principes et les lois de la neutralité armée (1812. 8.), p. 145, dans le Journal de Francfort de
1810, n° 274, dans le Politisches Journal, Nov. 1806, S. 1179,
dans le Recueil de M. de Martens, supplément, V. 439, et
dans le Recueil de pièces officielles etc., publié par Fréd.
Schoell, T. IX, p. 344. — Le message très-intéressant, par lequel ce décret fut transmis au sénat-conservateur, est inséré au
Polit. Journal, Dec. 1806, S. 1227.

b) Une pareille disposition se trouve déjà dans les Règlemens
de la France pour les armateurs, de 1704, art. 3 et 4, dans
Lamberty T. XIII. p. 435. et de 1744, art. 3 et 4, dans Real,
science du gouvernement, T. V, ch. 2, Sect. 6. — Une critique des règlemens de cette espèce a donné Schmidlin diss.
cit. § 45.

§ 313.

D'après le décret do Milan de 1807.

Ce systéme fut encore poussé plus loin, par un
décret que Napoléon rendit à *Milan* le 17 décembre 1807 a), portant en substance, que tout bâtiment, de quelque nation qu'il fût, qui se serait
laissé visiter par un vaisseau anglais, ou conduire
en Angleterre, ou aurait payé un imposition quelconque au gouvernement anglais, serait par cela
seul dénationalisé b); qu'il devait être regardé
comme propriété anglaise, et déclaré de bonne et
valable prise, aussitôt qu'il serait saisi; que tout
bâtiment, de quelque nation qu'il fût et de quoi

qu'il fût chargé, expédié des ports de l'Angleterre ou des colonies soit anglaises soit occupées
par les troupes anglaises, ou allant en Angleterre
ou dans les colonies anglaises, ou dans des pays
occupés par les troupes anglaises, serait déclaré
de bonne prise; que capturé par des vaisseaux de
guerre ou par des armateurs, il serait adjugé au
capteur; que du reste ces mesures, comme une
pure rétorsion contre le système adopté par le
gouvernement anglais, cesseraient aussitôt que ce
gouvernement serait retourné aux justes principes
du droit des gens.

a) Moniteur du 26 déc. 1807. Mémoire etc. de 1812, allégué,
   p. 158. Journal de Francfort de 1807, n° 365, et 1810, n° 274.
   Politisches Journal, Jan. 1808, S. 99. De Martens Suppl.
   V. 452. Recueil de pièces officielles etc., publié par Fréd.
   Schoell, T. IX, p. 360. — Ces principes furent répétés dans
   une note ministérielle adressée au ministre des Etats-Unis d'A-
   mérique à Paris, au mois de février 1810. Voyez Nouvelles
   littéraires et politiques de Manheim, 1810, n° 62 et suiv. —
   Napoléon rendit encore, le 11 janvier 1808, un décret sup-
   plémentaire relatif à la dénonciation ou au recèlement des
   contrevenans aux décrets de Berlin et de Milan. Politisches
   Journal, Jan. 1808, S. 101. Martens l. c. V. 457. — Postérieurement il fut ordonné que toutes les marchandises de fabrique anglaise seraient saisies et *brûlées*, tandis qu'il serait
   permis d'importer, sous certaines conditions et en payant des
   droits d'entrée déterminés, des denrées coloniales anglaises, sur
   des *licences* françaises, ainsi que des denrées coloniales et des
   marchandises non anglaises, sur des *certificats d'origine*. —

De nouveaux droits d'entrée fort considérables pour les denrées coloniales, furent réglés par un décret rendu à Trianon
le 5 août 1810 (Journal de Francfort, 1810, n° 225 et 274,
Martens l. c. Suppl. V. 513), et par un second décret daté
du 12 septembre 1810.

b) C'est-à-dire, déchu des droits du pavillon neutre.

§ 314.

Système de blocus encore plus sévère adopté par les Anglais.

Par l'exclusion du commerce anglais des ports
de l'Allemagne méridionale, que la France avait
effectuée dès le mois de mars 1806, la *Grande-Bretagne* se crut provoquée à prendre aussi de son
côté des mesures plus rigoureuses. Il parut le 16
mai 1806, un *ordre de conseil a*), par lequel toutes les côtes, rivières et ports, depuis l'Elbe jusqu'au port de Brest inclusivement, furent déclarés *en état de blocus*, avec cette modification
« qu'il serait libre aux vaisseaux neutres, qui n'auraient à bord ni propriété ennemie ni contrebande de guerre, d'approcher desdites côtes,
d'entrer ou de faire voile desdites rivières et ports,
excepté les côtes, rivières et ports depuis Os-
tende jusqu'à la Seine, pourvu que lesdits bâtimens qui approcheraient et qui entreraient ainsi,
n'auraient pris leur cargaison dans aucun port ap-

partenant aux ennemis de la Grande-Bretagne, ou
en leur possession, et que lesdits bâtimens qui
feraient voile desdites rivières et ports, ne seraient destinés pour aucun port appartenant aux
ennemis de la Grande-Bretagne, ou en leur possession, et n'auraient pas préalablement enfreint
le droit de blocus». — Un *second ordre de conseil*
du 7 janvier 1807 *b*), opposé au décret français
de Berlin, déclara « qu'aucun bâtiment ne pourrait faire le commerce d'un port avec un autre, si
ces ports appartenaient ou étaient en la possession
de la France ou de ses alliés, ou lui étaient soumis
pour n'avoir aucun commerce avec l'Angleterre,
et que tout vaisseau neutre, averti ou instruit de
cet ordre, que l'on trouverait faisant route pour
un port semblable, serait capturé, amené et déclaré, ainsi que sa cargaison, de bonne et valable
prise» (*lawful prize*).

---

a) London Gazette du 20 mai 1806. Politiches Journal, Jun.
1806, S. 632. Recueil de pièces officielles, publié par F.
Schöell, T. IX, p. 350. Martens recueil, Supplément,
V. 436. Mémoire etc. de 1812 (allégué plus haut), p. 144.

b) London Gazette du 11 janvier 1807. Politiches Journal, Jan.
1807, S. 81. Mémoire etc. de 1812, p. 149. Martens l. c.
V. 444.

§ 315.

Continuation.

Napoléon ayant alors déclaré les îles britanniques en état de blocus par le décret de Berlin (§ 312), le gouvernement anglais ordonna par un *troisième ordre de conseil*, en date du 11 novembre 1807 *a*), « que tous les ports et toutes les places de France et de ses alliés, ceux de tout autre pays en guerre avec la Grande-Bretagne, ceux des pays d'Europe dont le pavillon anglais était exclu, quoique ces pays ne fussent point en guerre avec la Grande-Bretagne, qu'enfin tous les ports et places des colonies appartenans aux ennemis de cette puissance, seraient désormais soumis aux mêmes restrictions *b*), relativement au commerce et à la navigation, que s'ils étaient réellement bloqués de la manière la plus rigoureuse; que tout commerce dans les articles provenant du sol ou des manufactures des pays susmentionnés, serait désormais regardé comme illégal (*unlawful*); que tout autre navire quelconque sortant de ces pays ou devant s'y rendre serait capturé légitimement, et la prise, avec sa cargaison, adjugée au capteur; que tout navire qui porterait

un certificat d'origine, d'après lequel les objets
embarqués ne provenaient ni des possessions ni
des manufactures anglaises, serait déclaré, si le
propriétaire avait eu connaissance de l'ordre en
question, de bonne prise et adjugé au capteur,
avec toutes les marchandises appartenant aux personnes par lesquelles ou pour lesquelles le certificat aurait été pris *c*).

a) Supplément à la Gazette de Londres du 14 novembre 1807.
Politiches Journal, Dec. 1807, S. 1229. Journal de Francfort, 1807, no 347 et suiv. Recueil de pièces officielles, publié
par Fréd. Schoell, T. IX, p. 353. De Martens l. c. Suppl.
V. 446. Mémoire etc. de 1812, p. 151.

b) Il a été fait plusieurs *exceptions* dans le même ordre de conseil,
et dans *trois autres* datés du 25 nov. et 18 déc. 1807, et du 30
mars 1808 (Martens l. c. V. 449.), surtout en ce qu'il a été
permis aux neutres d'entrer dans les ports pas effectivement
anglais, à la charge seulement de mouiller en Angleterre, d'y
prendre des licences, et d'y acquitter certains droits. — Ensuite la Grande-Bretagne a donné, comme la France, nombre
de *licences* de commerce, dans une des premières années
jusqu'au nombre de 16000, en 1811 environ 8000. Voyez
les remontrances qui furent faites à cet égard dans la séance du
parlement du 28 février 1812, dans la Gazette de Francfort de
1812, no 79. — L'usage de donner des licences a considérablement pris depuis l'année 1808, surtout en Angleterre et en
France. Il n'est pas sans influence sur la moralité des commerçans. Voyez Conversations-Lexicon (2. Ausg. Leipz. 1812
ff. 8.), Th. III, S. 128-142, u. Anhang, S. CIII-CX. Georgius
Versuch einer Darstellung der Licenzen Geschichte. Nürnh.

1814. 8. v. Faunenberg's Magazin für Handlung, Heft I, p. 73.

c) *Deux autres ordres de conseil*, pareillement datés du 11 novembre 1807, contiennent des dispositions particulières, l'un sur quelques cas spéciaux dans la navigation, l'autre déclarant illégales les ventes de vaisseaux faites par une puissance belligérante à des neutres. Journal de Francfort de 1807, n° 356. Politisches Journal, Dec. 1807, S. 1234. — Comparez d'ailleurs sur ce système de blocus : Effets du blocus continental sur le commerce, les finances, le crédit et la prospérité des îles britanniques; par François d'Ivernois. Londres 1810. 8.

§ 316.

Révocation des ordres du conseil britannique. Fin du système continental.

L'ordre du conseil britannique du 11 novembre 1807 fut révoqué et annulé par celui du 26 avril 1809 *a*), par rapport à tous les ports autres que ceux de Hollande jusqu'à l'Ems inclusivement, de la France, des colonies, établissemens et possessions dans la dépendances de ce deux puissances, et de la partie septentrionales de l'Italie, depuis Pesaro et Orbitello, ces deux derniers endroits y compris. Cette révocation se borna donc au nord de l'Europe et au midi de l'Italie *b*). —Les décrets français de Berlin et de Milan ayant été révoqués, par un autre décret du 28 avril

1811 c), à l'égard des vaisseaux des États-Unis d'Amérique, le gouvernement britannique révoqua aussitôt de son côté, par un ordre de conseil du 23 juin 1812 d), les ordres de conseil antérieurs, du 7 janvier 1807 et du 26 avril 1809, en faveur de tous les navires américains, et de leurs cargaisons étant propriétés américaines. Enfin la chute de Napoléon fit entièrement tomber son système continental.

a) Journal de Francfort, 1809, no 141. Recueil de pièces officielles, publié par F. SCHOELL, T. IX, p. 363. MARTENS l. c. Suppl. V. 483. v. FAHNENBERG's Magazin für die Handlung, 1811, Heft I, S. 50.

b) Ainsi fut expliquée cette révocation par un membre du parlement anglais, dans la séance du 23 février 1812. Gazette de Francfort de 1812, no 79.

c) L'ordre du conseil britannique du 23 juin 1812, et la 5e note française, opposée à la déclaration du gouvernement anglais du 21 avril 1812 (MARTENS l. c. Suppl. V. 542), cotent expressément ce décret. Gazette de Francfort de 1812, no 134.

d) Gazette de Francfort de 1812, no 212. Recueil de pièces officielles, publié par SCHOELL, T. IX, p. 366. — Déclaration officielle de la *France*, dans la séance du sénat-conservateur du 10 mars 1812. Moniteur du 16 mars 1812. Gazette de Francfort de 1812, no 81. Recueil etc. publié par SCHOELL, T. IX, p. 370. v. FAHNENBERG's Magazin, 1812, Heft II, S. 111. Réponse *britannique* du 21 avril 1812, ibid. no 133, 134, 135, et dans le Recueil etc. publié par SCHOELL, T. IX, p. 379, ainsi que dans v. FAHNENBERG's Magazin de 1812, Heft V, S. 373 ff.

Comparez ibid. Heft V , S. 69 ff. 548 ff., an 1813, Heft I, S. 1 ff.
Message du président des Etats-Unis d'Amérique, daté de
Washington le 12 juillet 1813, dans le Moniteur universel de
de 1813, n° 287, et dans la Gazette de Francfort de 1813,
n° 297-300. Déclarations des *Etats-Unis d'Amérique* et de la
Grande-Bretagne, dans MARTENS Recueil, Supplément, V. 455.
459. 475. 487. 508. 538. 540. La Gazette de Francfort de 1811,
n° 118, 119, 121, 122, 124, et dans celle de 1812, n° 63, 66,
79, 80, 88. Message du président des *Etats-Unis* au congrès, du
4 nov. 1812, ibid. 1813, n° 26 et suiv. Réponse du gouvernement *britannique* du 9 janvier 1813, ibid. 1813, n° 27, 28,
35-37. Ueber die Zurücknahme der englischen Cabinets-Or-
dres; in der Monatschrift MINERVA, Sept. 1812, S. 448-471.

CHAPITRE III.

DROIT DE LA PAIX.

----

§ 317.

Moyens de terminer les différends. Preuve. Voie de fait et de violence.

Il y a plusieurs moyens et manières *a*) de terminer les différends survenus entre des états *b*).
Si ce sont des faits incertains qui ont donné lieu
à la dissension, les deux parties, avant d'en venir
à des actes d'inimitié, doivent essayer d'établir la

preuve en leur faveur *c*). Ce n'est qu'alors, quand chacun croit être fondé en raisons, ou qu'il s'agit d'une question de droit sujette à contestation, qu'ils peuvent défendre librement, et de la manière qu'ils croient la plus avantageuse, leur opinion. Choisissent ils la *violence?* ils disposent des différens moyens de se faire droit à soi-même, que nous avons énoncés ci-dessus au § 234.

a) B. C. STRUV jurisprud. heroica, T. I. c. 1. p. 6-95. A. G. S. HALDIMAND diss. de modo componendi controversias inter aequales, et potissimum arbitris compromissariis. Lugd. Bat. 1738. 4. J. G. DARIES de modis in statu naturali componendi controversias, in specie de bello judiciali; in Ejus obss. jur. nat., soc. et gent., Vol. II. (Jen. 1754. 4.) obs. 68. p. 344 sqq. MOSER's Versuch, VIII. 391 ff. 4 9 ff. v. OMPTEDA's Literatur, II. 604.

b) Voy. des écrits sur les *prétentions* dans la Note b au § 25, et dans la Littérature de M. d'OMPTEDA, II. 605 ff.

c) DARIES l. c. § 6. sqq.

§ 318.

Voie de justice.

Les états-parties, en suite de leur indépendance politique, ne sont point obligés de reconnaître un juge commun, pas plus que l'un d'eux ne pourrait, sans le consentement et l'acquiescement de l'autre, décider dans sa propre cause. Un *jugement* n'est donc admissible que de l'accord des deux parties, lorsqu'elles compromettent sur leurs prétentions réciproques, en choisissant pour *arbitre a*) ou l'une d'entre elles, ce qui cependant n'arrivera que rarement, ou bien un ou plusieurs tiers. Non-seulement les membres de l'un ou de l'autre état en contestation, mais aussi des tiers états ou leurs sujets, peuvent être appelés à l'arbitrage. Si celui qui a été élu accepte, il est en droit, après une discussion et un examen suffisans des raisons pour et contre, de prononcer le *jugement arbitral (laudum)* qu'il croit conforme aux principes du droit des gens. La question de savoir s'il y a lieu à des moyens suspensifs et dévolutifs, p. e. à l'appel par devant un *arbitre supérieur (superarbiter)*, et si celui-ci, ou celui qui a jugé en première instance, peut mettre son jugement à *exécution*, dépend de la teneur de l'acte compromis.

a) Haldimand diss. cit. De Bielfeld institutions politiques, II. 152.— Ce moyen a été presque entièrement négligé depuis plusieurs siècles. A en juger par les manifestes et les proclamations, jamais souverain n'a fait la guerre que malgré lui, et après avoir tout fait et essayé pour l'éviter. Pourquoi donc n'en revient-on jamais aux arbitres? Tout au plus, on accepte la médiation d'une tierce puissance, mais qui reste presque toujours sans effet. Il n'y a plus, pour cette raison, à peu près que la guerre qui puisse assurer l'inviolabilité des droits.

§ 319.

Conciliation.

Les différends entre les états ne peuvent être *conciliés* que de l'aveu des deux parties ; mais alors elles sont maîtresses des conditions, et rien ne les empêche p. e. de faire décider jusqu'au *sort a)* ; cependant on n'a eu recours que très-rarement à ce dernier expédient dans les temps modernes, et bien plus rarement encore à celui, dont l'histoire ancienne nous donne quelques exemples, de s'en remettre au résultat d'un *combat* entre des représentans choisis parmi les deux partis *b)*. On voit bien plus souvent des *arrangemens à l'amiable (amicæ litis compositiones)*, qui se font ou de manière que l'un des deux cède volontairement et gratuitement une partie de ses droits (*remissio gratuita*), ou par une *transaction* proprement dite, dans laquelle chaque partie donne ou promet, ou retient de certains objets ou de certains droits. Si ces arrangemens terminent une guerre, on les appelle *paix d)*.

a) GROTIUS, lib. II. c. 23. § 9.' F. C. v. MOSER von dem Ge-
brauch des Looses in Staatssachen ; dans les wöchentl. frankfurt. Abhandlungen, 1755, St. 8. et 11. et dans SCHOTT's jurist.
Wochenblatt, III. Jahrgang, S. 615-652. GONNE, dans SIEBEN-
KEES jurist. Magazin, I. 26 ff. 34. J. F. LUDOVICI diss. de judi-
cio fortunae. Hal. 1702. Chr. WILVOGEL progr. de cod. arg.
Jen. 1708. 4. F. A. JUNIUS de sorte remedio subsidiario cau-
sas dubias dirimendi. Lips. 1746. 4.

b) Comparez ci-haut § 234.

c) MOSER's Versuch, VIII. 406.

d) Voy. des écrits dans la littérature de M. d'OMPTEDA, II. 662-
666, et dans v. KAMPTZ neue Lit., § 321. — VATTEL, liv. IV.
Sur les traités de paix, par M. GÉRARD de RAYNEVAL ; traduit
en allemand dans le journal intitulé *Minerva*, déc. 1814,
p. 353-37'.

§ 320.

Négociations préparatoires de la paix.

La conclusion de la paix est ordinairement pré-
cédée de certaines négociations préparatoires. La
fortune de la guerre et la politique font *proposer
la paix* à l'une des parties belligérantes, immédiatement ou médiatement, ou à des tierces puissances qui emploient leurs *bons offices a*) (§ 160).
Si les propositions sont acceptées, ce qui souvent
n'a lieu qu'avec de certaines conditions et réserves,
p. e. qu'il serait formé une convention prélimi-

naire *b*), on en vient, avec ou sans armistice, directement ou sous la *médiation* d'une ou de plusieurs tierces puissances, aux *négociations de paix c*).

a) Moser's Versuch. X. 2. 2o3-223.

b) Comme avant le congrès d'Utrecht, le 8 oct. 1711, et le 19 août 1712. Busu Welthandel, S. 266, 269.

c) Voy. plus haut, § 160.

§ 321.

Forme et lieu des négociations.

Il se présente deux modes de négocier la paix; celui des conférences où les négociateurs s'assemblent en séances réglées, et celui des transactions par écrit. Les négociations se font très-rarement entre les souverains eux-mêmes, et pas souvent non plus, ni avec beaucoup de succès, par une simple correspondance des ministres d'état *a*), de gouvernement à gouvernement. On envoie plutôt, et même ordinairement aujourd'hui, des plénipotentiaires *b*), qui jouissent des prérogatives des ambassadeurs ou des autres ministres en mission en temps de paix. Ces plénipotentiaires communiquent entre eux directement, ou par des média-

teurs. Si dans le premier cas il y a des conférences, il y assiste quelquefois des envoyés des puissances médiatrices, auxquels on cède alors les
premières places, et on fait les honneurs convenables. Si les négociations par écrit se font par
l'entremise d'un médiateur, comme au congrès
de Teschaen, chacune des cours belligérantes
adresse ses projets et propositions, en forme de
notes, au plénipotentiaire de la puissance média-
trice, qui les communique à la partie adverse, et
transmet de même, et dans la même forme, la réponse à ces projets et propositions. — Le choix
du lieu du *congrès c)*, la question si l'on y admet-
tra des tierces puissances, et lesquelles *d)*; le cérémonial dans les conférences, la manière dont
les affaires y seront traitées, et le local où elles auront lieu *e)*, la neutralité du lieu du congrès, s'il
n'y a point d'armistice général, la sûreté et l'inviolabilité personnelles des plénipotentiaires, des
personnes attachées aux légations, et des courriers, ainsi que d'autres dispositions de cette espèce, font quelquefois l'objet d'une convention
préliminaire et séparée.

a) C'est ainsi que commencèrent en 1761 les négociations entre
la France et la Grande-Bretagne, mais on se convainquit bientôt de la nécessité d'envoyer des plénipotentiaires. Moser's
Versuch, X. 2. 195 ff.

b) Soit dans la résidence du souverain ennemi, soit dans quelque autre lieu. Voy. Moser's Versuch, X. 2. 198. 202. Les négociations de paix à Versailles en 1783, à Londres en 1801, à Vienne en 1809, à Paris en 1810 (avec la Suède) et en 1814 et 1815; à Campo-Formio en 1797, à Presbourg en 1805, à Tilsit en 1807.

c) A. E. Rossmann von den Ausflüchten in Völkerrecht, § 14, dans Siebenkees jurist. Magazin, Bd. I, S. 50. — Des *congrès* de paix, voyez Bielfeld institutions politiques, II. 150 et suiv. Moser's Versuch, X. 2. 233-309. Ueber politische Congresse; dans le journal allemand intitulé *Minerva*, juin 1813, p. 395-422. Sur le congrès de Vienne, voyez mon Uebersicht der diplomatischen Verhandlungen des wiener Congresses. Frankfurt 1816. 8.—Des écrits sur les congrès, dans v. Kampz neue Lit., § 145, 299 et 323.

d) On a souvent fait des difficultés à cet égard, p. e. au traité de paix de Westphalie, à celui de Bréda en 1747, à celui qui a eu lieu à Rastadt en 1797, pour cause de l'admission des envoyés russes et suédois. Dans les congrès de Lunéville en 1801, et d'Amiens en 1801 et 1802, il ne fut point admis de ministre étranger.

e) Jacques Bernard sur les diverses cérémonies qu'ont employées les différentes nations dans les traités de paix et d'alliance; dans son Recueil des traités de paix, etc.; aussi dans le Corps diplomatique de Du Mont. Christ. Weber diss. de paciscendi modo. Lips. 1649. 4.

§ 322.

Conclusion de la paix.

Si les tentatives pour amener la paix restent sans effet, ou si les négociations ne font pas es-

pérer un heureux résultat, on les abandonne, et
les hostilités recommencent *a*). Si au contraire les
affaires vont bien, on en vient à la *conclusion de
la paix*, c. a. d. à former un traité qui termine la
guerre. La paix diffère de l'armistice, principalement en ce qu'elle est stipulée pour toujours, et
c'est dans ce sens qu'on l'appelle un traité éter-
nel *b*) (*pactum æternum*). Ordinairement on fixe
comme *base*, tant des négociations que de la paix
même, une disposition fondamentale, ou un principe général. C'est tantôt l'état de possession tel
qu'il était ou avant la guerre (*Status quo strict*), ou à
toute autre époque déterminée (*dies, mensis, vel an-
nus decretorius, normalis, criticus*); tantôt ce sont
quelques compensations, ou des concessions que
fait l'une des parties au profit de l'autre, ou qu'elles
se font réciproquement, sans égard à l'état de
possession, ou à la question de droit.

---

a) Voy. Moser's Versuch, X. 2. 223-232. Dav. Stavinsky diss.
de pacis rejectione. Regiom. 1717. 4.

b) La formule usitée chez les Romains, était : « *ut pax pia aeterna
sit.* » Brissonius de formulis pop. rom. lib. IV. c. 49.

§ 323.

Paix préliminaire et définitive. Paix séparée.

Ordinairement les traités de paix sont *défini-tifs a).* Cependant si l'on convient de certaines dispositions principales, et qu'on en remet d'autres, avec les détails, à un acte général à rédiger dans la suite, cette convention s'appelle *préliminaires de paix* ou traité de paix préliminaires *b).* La forme en est quelquefois moins solennelle que dans un instrument de paix définitive *c)*; mais elle est tout aussi obligatoire que le traité subséquent, à moins qu'on n'ait expressément suspendu son exécution, en la faisant dépendre de celui-ci. S'il y a plusieurs alliés, ils doivent tous participer à la paix; et, généralement parlant, aucun d'eux ne peut négocier sans le consentement des autres, ni faire une *paix séparée* (§ 270).

a) Voy. Vattel, liv. IV. ch 2. Moser's Versuch, X. 2. 360 ff.

b) Moser's Versuch, X. 2. 356 ff. Voyez des écrits dans v. Ompteda's Lit., § 324, et dans v. Kamptz neue Lit., § 324. — Les négociations préliminaires qui ont eu lieu à Vienne en 1735, à Breslau en 1742, à Abo en 1743, à Füssen 1745, à Aix-la-Chapelle en 1748, à Fontainebleau en 1762, à Paris en 1783, à Jassy en 1791, à Léoben en 1797, à Paris en 1800 (non ratifiées), à Londres en 1801, servent d'exemples pour les deux derniers siècles.

c) Voyez sur l'apposition des signatures, Moser's Versuch, X. 2. 377 ff.

§ 324.

Amnistie.

Une clause essentielle dans tout traité de paix, et par conséquent supposée tacite, si elle n'est point exprimée et que le traité n'en dispose autrement, c'est l'*amnistie a*) (*lex oblivionis*). On entend par là la déclaration des deux parties d'après laquelle elles regardent leurs inimitiés comme entièrement terminées et abolies, et se promettent réciproquement qu'elles ne serviront jamais de cause ni de prétexte à une nouvelle guerre. Ce qui n'a point été cause, ni objet de la guerre, n'est point compris dans l'amnistie *b*).

a) VATTEL, liv. IV, ch. 2, § 20 et suiv. De STECK obss. subseciv. n. 13. WESTPHAL's teutsches Staasrecht, S. 25 ff. MOSERS Versuch, X. 522. (Matth. HILLER's) System der Amnestie. Freyburg 1793. 8. WALDNER de FREUNDSTEIN diss. de firmamentis conventionum publicarum, c. 1. § 14. v. OMPTEDA's Lit. II. 669. v. KAMPTZ neue Lit. § 329. — Henr. COCCEJI, dans sa dissertation de postliminio in pace et amnestia (Francof. ad. Viadr. 1691, et dans ses Exercit. curios. Vol. I. n. 78), § 8,

prétend que cette clause doit toujours être stipulée expressément ; mais voyez là-contre Westphal l. c. et Schröder elem.
jur. nat., soc. et gent. § 1148.

b) Vattel l. c. § 22. Schröder l. c. § 1149. Westphal dans son
ouvrage allégué, p. 27 et suiv. — De là le principe que ce qui
n'a point été cause de la guerre ne peut pas non plus servir
de cause à la paix. Voy. A. E. Rosmann von den Ausflüchten
im Völkerrecht, § 11, dans Siedenkees jurist. Magazin,
Bd. I, S. 48. 61.

§ 325.

Validité des traités de paix.

S'il fallait, pour qu'un traité de paix fût valable,
que ses dispositions, eu égard aux causes de la
guerre et au mal qu'on s'est fait des deux côtés,
répondissent en tout aux principes de la justice,
les négociations entre les parties belligérantes qui
ne reconnaissent point de juge commun et supérieur ne meneraient jamais, ou du moins très-
rarement, à la paix. Il faut donc absolument faire
abstraction du passé, et régler les points de discussion de manière à ce que la convention seule
tienne lieu de droit entre les parties. Or chaque
partie pouvant renoncer à ses droits, et cette re-
nonciation, si elle est acceptée par l'autre partie,
ayant force de traité, les traités enfin obligeant

en tout les états qui les ont conclus (§ 145), la paix doit être obligatoire pour la partie même qui a sacrifié des droits incontestables; elle est obligatoire jusqu'aux dispositions purement arrachées par la force, si ces dispositions assurent à l'une des parties une réparation qui lui est due *a*); d'après le principe que nous avons posé au § 143, portant que la contrainte employée pour la bonne cause ne vicie point les traités.

a) Conférez les écrits dans v. OMPTEDA's Lit., § 307, et dans v. KAMPTZ neue Lit., § 303.

§ 326.

Instrument de la paix.

Quelque simples et peu compliquées que soient les dispositions d'une paix *a*), on n'a guères d'exemples dans l'histoire moderne qu'elle n'ait été conclue dans la forme d'un traité solennel, rédigé *par écrit b*) (instrument de la paix). Les différentes dispositions sont séparées par *articles*, qui se divisent en articles généraux et préliminaires, principaux, additionnels, accessoires et séparés, et quelquefois aussi en articles patens et secrets, tellement que le traité est souvent par-

tagé en deux parties, dont l'une le traité princi-
pal, et l'autre une convention additionnelle ou
accessoire *c*). Ordinairement on place à la fin de
l'acte la cause de *ratification*, portant que les plénipotentiaires rechercheront et échangeront, à
une époque et dans un lieu déterminé, l'approba-
tion de leurs souverains respectifs *d*). Les expé-
ditions sont rédigées dans la forme solennelle, et
en nombre suffisant. Les *signatures* et les *sceaux*
et cachets y sont apposés avec plus ou moins de
solennité; il en est de même de l'*échange* des ra-
tifications *e*).

a) Voyez p. e. la paix conclue en 1800 entre la République française et le comte d'Erbach, dans le recueil de M. de Martens,
VII, 513.

b) La paix de 1729, entre la Suède et la Pologne, fut conclue
simplement par les déclarations contenues dans deux lettres
des deux souverains. Mais en effet les hostilités avaient déjà
cessé dix ans auparavant, en 1719, moyennant un armistice,
et les préliminaires de la paix avaient été arrêtés à la même
époque, de manière que la paix elle-même n'était plus qu'une
pure formalité. Voyez de Steck essais sur divers sujets (1779.
8.), n. 2. p. 13 et suiv.

c) Voy. le § 147. Moser's Versuch, X. 2. 362 ff.

d) Moser's Versuch, X. 2. 581 f.

e) Moser's Versuch, X. 2. 374 ff. Pour ces solennités les ministres plénipotentiaires sont souvent revêtus par leurs souverains de la dignité d'Ambassadeurs. — Voyez sur les expé-

II.   11

diens à prendre, lorsqu'il y a des discussions élevées sur le rang, ci-haut le § 104 et suiv.

§ 327.

Participation, adhésion, garantie, protestation de tierces puissances ; elles peuvent être comprises dans la paix; publication du traité.

Si plus de deux puissances se sont fait la guerre, et qu'elles concluent toutes en même temps et comme parties principales une paix, il peut être fait pour elles toutes un *seul* et *même instrument*, ou bien il en est passé *séparément* un pour et par chacune d'elles ; cependant dans l'un et dans l'autre cas, il doit en être expédié un nombre suffisant d'exemplaires. Une des puissances belligérantes peut même, si elle le juge convenable, *adhérer* seulement, en qualité de partie principale, à la paix conclue entre un de ses alliés et l'ennemi commun. Les puissances qui n'ont été qu'auxiliaires, et celles qui ont quelque autre intérêt à la paix (§ 161), lui adhèrent comme parties secondaires. Souvent aussi elles sont *comprises* dans la paix sans leur consentement préalable (§ 162). Le traité de paix peut être corroboré de plusieurs manières, particulièrement par la *garantie* de quelques tierces puissances (§ 157-159). Quelquefois il est attaqué par des *protestations* (§ 162). Chaque partie fait *publier* les résultats de la paix, dans son pays et à son armée, de la manière qui lui convient le mieux.

a) Moser's Versuch, X. 2. 382 ff. Vattel, liv. IV. ch. 3, § 25.

§ 328.

Exécution et interprétation des traités de paix. Jus postliminii. *Violation de la paix.*

La ratification du traité de paix doit être suivie de son *exécution*. Celle-ci doit être conforme à ce qui a été stipulé, en tant qu'il faut pour cela des actions positives *a*). L'exécution donne souvent lieu à des congrès et recez particuliers *b*), à des doutes et discussions sur le sens des stipulations, à des *interprétations* (§ 163) et *explications*, quelquefois même à des *supplémens* et à des *conventions explicatives* ou subséquentes *c*). L'état de paix rétabli, il y a lieu à l'exercice du *jus postliminii*, s'il est d'ailleurs fondé (§ 254, 257 et 270). Une *violation* de la *paix* en général, ou dans ses dispositions particulières, affranchit la partie adverse de l'obligation de l'accomplir de son côté, ou lui donne le droit de demander dédommagement et réparation, ainsi qu'une garantie pour l'avenir *d*).

a) Vattel, liv. IV. ch. 3. Moser's Versuch, X. 2. 451-521.

b) Moser's Versuch, X. 2. 456. Les négociations qui ont eu lieu pour l'exécution de la paix de Westphalie, et surtout le congrès de Nuremberg en 1649 et 1650, avec les deux recez d'exécution qui y ont été faites, sont très-célèbres. Voy. Jo. Godofr. de Meifern Acta pacis executionis publica. Hannov. 1736. 1737. Th. I et II in-fol.

c) Vattel, liv. IV. ch. 3. § 32. Moser's Versuch, X. 2. 521.

d) Vattel, liv. IV. ch. 4. Moser's Versuch, X. 2. 534 ff. Burlamaqui, principes du droit politique, p. IV. ch. 14. § 8. p. 466.

§ 329.

Paix éternelle. Tribunal des nations.

Une *paix éternelle*, quoique commandée par la raison et la morale, paraît une chose impossible dans ce bas monde. Cependant il y aurait sûrement beaucoup de gagné, si, sinon tous, du moins la plupart et les plus marquans des états de l'Europe, en renonçant à tous moyens violens de poursuivre leurs droits, se réunissaient dans une *confédération générale*, et qu'il fût établi un *tribunal des nations* bien organisé, qui prendrait, du compromis de toutes, la puissance d'armer contre les injustices d'un état les forces de tous les autres *a*). Une telle institution assurerait nonseulement la tranquillité intérieure de la confédération et de ses membres, mais elle serait en même temps le meilleur garant contre les dangers venant du dehors. Elle serait la clef de la voûte formée par la *Sainte-Alliance* (§ 2, note *e*, et 146), dans laquelle les alliés ont manifesté à l'univers leur « détermination inébranlable de ne prendre pour règle de leur conduite, soit dans l'administration de leurs états respectifs, soit dans leurs *relations politiques* avec *tout* autre gouvernement, que les préceptes de cette religion sainte (du Dieu Sauveur), préceptes de justice, de charité et de paix ;» engagement solennellement renouvelé et confirmé par la déclaration qu'ont publiée et portée à la connaissance de toutes les cours européennes les ministres plénipotentiaires de l'Autriche, de la France, de la Grande-Bretagne, de la Prusse et de la Russie, réunies en conférence à Aix-la-Chapelle en 1818 *b*).

a) Voy. J. Th. Roth's Archiv für das Völkerrecht, Heft I (1794-8.), S. 38-43. 108. v. Kamptz neue Literatur des VR., S. 103 ff. — De Bielfeld institutions politiques, II. 95. Günther's Volkerrecht, I. 187-195. Sendschreiben des alten Weltbürgers Syrach an Frankreichs National Convent (par C. G. G. Glave, dit aussi de Konjelski, 1798. 8.), S. 114 ff. Kant's metaphysische Anfangsgründe der Rechtslehre (1797. 8.), S. 217. 227. 233. Fichte's Grundlage des Naturrechts, II. 261. Schelling's System des transcendentalen Idealismus, S. 411 ff. J. H. Bergk's Untersuchungen aus dem Natur-, Staats-und

Völkerrecht (Leipz. 1796. 8.), n. 22. Abrégé du projet de paix perpétuelle, par M. l'abbé de SAINT-PIERRE; dans le premier tome de ses Ouvres de politique, publiées à Rotterdam 1729-1737. T. I et II. 8. Extrait du projet d'une paix perpétuelle de l'abbé de Saint-Pierre, par J.-J. ROUSSEAU. à Amsterd. 1761. 8. Projet d'un nouveau système de l'Europe. 1745. (v. LILIEN-FELS) Neues Staatsgebaude. Leipz. 1767. 4. Nouvel essai du projet sur la paix perpétuelle. à Lausanne 1789. 8. Imman. KANT zum ewigen Frieden. Königsberg 1795., 8. vermehrt ebend. 1796. 8. Aussi en français, 1796. 8. Just. Sincerus VE-RIDICUS von der europäischen Republik. Plan zu einem ewigen Frieden. Altona 1796. 8. Du droit public et du droit des gens, ou Principes etc., suivis d'un projet de paix générale et perpétuelle; par J.-J. B. GONDON d'ASSONI. Paris 1808. 3 vol. in-8o. Friedr. GUTEHR, was ist das Wichtigste für die Mensch-heit? Kosmopolis 1796. 8. De jure generis humani vel divisi in gentes etc. Stuttgard. 1811. 8. Perfectionnement du projet de l'abbé de Saint-Pierre; dans Le retour du siècle d'or, par N. J. SARRAZIN (à Metz 1816. 8.), Sect. III, p. 1-10. Projet d'une organisation politique pour l'Europe, ayant pour objet de procurer aux souverains et aux peuples une paix générale et perpétuelle; par M. le comte de PAOLI-CHAGNI. Paris 1818. 8. H. G. DEMME von einem allgemeinen Friedensbund und Friedensgericht der christlichen Fürsten und Völker; in dem Allgemeinen Anzeiger der Deutschen 1817, no 26. G. EUCHEL til evig Fred. Kiöbenhavn 1815. 8. — Voyez là-contre, Oeuvres posthumes de Frédéric II, T. VI. p. 197. (EMBSER's) Abgöt-terey unsers philosophischen Jahrhunderts. Erster Abgott; ewiger Friede. Mannheim 1779. 8.

b) Protocole et Déclaration signés à Aix-la-Chapelle, le 15 novembre 1818, par lesdits plénipotentiaires.

SUPPLÉMENT.

BIBLIOTHÉQUE CHOISIE

DU

DROIT DES GENS.

TABLE GÉNÉRALE

DES MATIÈRES.

BIBLIOTHÉQUE CHOISIE

DU

DROIT DES GENS.

CHAPITRE PREMIER.

HISTOIRE DU DROIT DES GENS, LITTÉRATURE ET BIO-
GRAPHIE. SCIENCES CONNEXES ET SUBSIDIAIRES.

SECTION PREMIÈRE.

HISTOIRE DU DROIT DES GENS.

(§ 1.)

1) Préface de Jean Barbeyrac, à la tête de sa traduction du droit
de la nature et des gens composé par Pufendorf, laquelle traduction a paru à Amsterdam en 1706, et a été depuis plusieurs
fois réimprimée.

2) A. F. Glafey's volständige Geschichte des Rechts der Vernunft.
Leipz. 1739. 4. 2° édit. Frankf. 1746. 2 vol. in-4°.

3) Essai sur l'histoire du droit naturel (par Mart. Hubner). A
Londres T. I, 1757. T. II. 1758. 8.

4) (G. St. Wiesand's) Kurzer Entwurf einer Historie des Natur-
und Völkerrechts. Leipz. 1759. 8.

5) G. C. Gebaueri nova juris naturalis historia, Edidit E. C. Kle-
vesahl. Wezlar. 1774. 8.

6) Robert Ward's enquiry into the foundation and history of the

law of nations in Europe, from the time of the Greeks and Romans to the age of Grotius. Lond. 1795. T. I. et II. 8.

7) Historia del derecho natural y de gentes; por MARIN. Madrid 180.. 2 vol. in-8º.

8) C. H. L. PÖLITZ comment. de mutationibus, quas systema juris naturae ac gentium a Grotii temporibus huc usque expertum fuerit. Vitemb. 1805. 4.

SECTION II.

LITTÉRATURE.

(§ 2.)

1) D. H. L. Frhrn. v. OMPTEDA's Literatur des gesammten, sowohl natürlichen als positiven Volkerrechts. Th. I. u. II. Regensb. 1785. 8.

2) C. A. v. KAMPTZ neue Literatur des Völkerrechts seit dem Jahre 1784, als Ergänzung u. Fortsetzung des Werks des Gesandten v. OMPTEDA. Berlin 1817. 8.

3) C. F. G. MEISTERI bibliotheca juris naturae et gentium. Gott. P. I. 1749. P. II. 1756. P. III. 1757. 8.

*   *   *

4) Mart. LIPENII bibliotheca realis juridica. Editio quarta. Lips. 1757. 2 vol. in-fol.

Trois volumes de *Supplément* à cet ouvrage ont été publiés, l'un par A. Γ. SCHOTT en 1775, le second par R. C. lib. bar. de SENKENBERG en 1789, le troisième (Fasc. 1. 2. et 3.) par L. G. MADIHN en 1817, in-fol.

5) J. St. PÜTTER's Literatur des teutschen Staatsrechts. Goettingen 1776-1783. Th. III. 8.

6) J. L. KLUBER's neue Literatur des teutschen Staatsrechts (als Fortsetzung und Ergänzung der Pütterischen). Erlangen 1791. 8.

7) J. T. Rᴏᴛʜ's Literatur der Staatsverhältnisse zwischen Teutschland und Frankreich. I. Band. Weissenburg 1798. 8.

8) J. W. Pʟᴀᴄɪᴅᴜs (Pᴇᴛᴇʀsᴇɴ) Literatur der Staatslehre. Strasb.
(Stuttgard) I. Abth. 1798. 8.

9) C. D. Voss Einleitung in die Geschichte u. Literatur der allgemeinen Staatswissenschaft. Leipz. Th. I. 1800. Th. II. 1802. 8.
Aussi sous ce titre : Handbuch der allgemeinen Staatswissenschaft, von C. D. Voss , Th. V. u. VI.

10) J. S. Eʀsᴄʜ Literatur der Jurisprudenz und Politik , seit der
Mitte des 18. Jahrhunderts. Amsterd. u. Leipz. 1812. 8. Cet ouvrage porte aussi le titre suivant : Handbuch der teutschen Literatur, seit der Mitte des 18. Jahrhunderts. Bd. I, Abth. 3.

11) Examen des principaux ouvrages composés sur des matières
de gouvernement, par Gasp. de Rᴇᴀʟ ; dans le 8ᵉ tome de la
Science du gouvernement, publiée par le même auteur à Paris
1754; 2ᵉ édit. 1764. 4.

           *   *   *

12) J. G. Mᴇᴜsᴇʟɪɪ bibliotheca historica. T. I-XI. Lips 1782-1804.
8. Chaque volume est divisé en deux parties; la 2ᵉ partie contient la table des matières. Cet ouvrage est incomplet, sans la
faute de l'auteur.

13) G. W. Zᴀᴘf's Literatur der alten und neuen Geschichte.
Lemgo 1781. 8.

14) C. G. Wᴇʙᴇʀ's Literatur der (teutschen) Staatengeschichte.
Th. I. Leipz. 1800. 8.

15) K. H. L. Pᴏʟɪᴛᴢ encyclopädisch-scientifische Literatur. Zweites
Heft, die encyclopädisch-historische Literatur enthaltend. Leipz.
u. Züllichau 1813. 8.

16) L. Wᴀᴄʜʟᴇʀ's Geschichte der historischen Forschung und
Kunst, seit der Wiederherstellung der literarischen Cultur.
Göttingen Bd. I, Abth. 1. 1812. Abth. 2. 1813. 8.

17) J. S. Eʀsᴄʜ Literatur der Geschichte und deren Hülfswissen-
schaften, seit der Mitte des 18. Jahrhunderts. Amsterd. u. Leipz.

1813. 8. Cet ouvrage porte aussi le titre suivant : Handbuch der
teutschen Literatur, seit der Mitte des 18. Jahrhunderts, Bd. II,
Abth. 2.

* * *

18) Répertoire bibliographique universel, contenant la notice raisonnée des Bibliographies spéciales publiées jusqu'à ce jour; par
Gabriel PEIGNOT. Paris 1812. gr. in-8°.

19) Dictionnaire de bibliographie française (par Guil. FLEISCHEN).
T. I et II (A-Be) Paris 1812. 8.

20) Manuel du libraire et de l'amateur de livres, contenant 1° un
nouveau dictionnaire bibliographique, 2° une table en forme de
catalogue raisonné; par J. Ch. BRUNET fils. T. I-IV. Paris 1814.
gr. in-8°.

SECTION III.

BIOGRAPHIE.

(§ 3.)

1) Ouvrages biographiques servant à l'histoire de la littérature de
la jurisprudence, par JENICHEN, JUGLER, WEIDLICH et autres,
indiqués dans PÜTTER's Literatur des teutschen Staatsrechts.
Th. I, S. 20 f.; et dans J. G. HELBACH's auserles. Bibliothek für
Rechtsgelehrte, Th. I, S. 13 ff. — Notices, dans H. J. C. KÖNIG's
Lehrbuch der allgem. jurist. Literatur, Th. I, S. 59-195.

2) Ouvrages biographiques généraux, de NICERON, SCHRÖCKH, et
autres.

3) Les ouvrages lexicographiques d'un pareil genre, p. e. ceux de
JÖCHER, ADELUNG, ROTERMUND, HENNICKE, HIRSCHING, BAUR,
LADVOCAT.

4) Biographie universelle ancienne et moderne (rédigée par AU-
GER). A Paris T. I-XXII. 1811-1818. (A-K) gr. in-8°. Ouvrage
qui sera continué.

5) Ouvrages ethnographiques, p. e. les Tablettes biographiques des écrivains français. 2e édit. Paris 1810. 8.

6) Ouvrages chronologiques, etc. —

Presque tous ces livres (n° 1-6) sont indiqués dans J. G. MEU- SEL's Leitfaden der Geschichte der Gelehrsamkeit (Leipz. 1799. 8.), S. 51 ff., et dans J. G. EICHHORN's Litterär-Ge- schichte; zweite Halfte. Gottingen 1814. 8.

7) De même, les biographies particulières des souverains, et celles des diplomates, des généraux, et des amiraux célèbres, p. e. celles de Gustave-Adolphe par HARTE, MAUVILLON et Nic. VOGT; de Charles-Gustave, roi de Suède, par Sam. baron de PUFEN- DORF; de Frédéric-Guillaume électeur de Brandebourg, par le même; de Louis XIV par de la MARTINIÈRE, REBOULET et Du- CLOS; de Pierre Ier, par VOLTAIRE, GORDON, GOLLIKOW, HALEM; de Charles XII par NORDBERG et VOLTAIRE, etc. Voyez aussi Gallerie politischer Charaktere, dans v. ARCHENHOLZ Minerva de 1811, December, S. 428-465.

8) Les parties bibliographique et biographique sont aussi trai- tées dans J. G. MEUSEL's Lexicon der von 1750 bis 1800 ver- storbenen teutschen Schriftsteller. B. I-XV (A-Z). Leipz. 1802- 1816. 8.

SECTION IV.

SCIENCES CONNEXES ET SUBSIDIAIRES.

(§ 4.)

1) Des ouvrages appartenant à cette classe, sont indiqués aux §§ 7 et 8 de ce livre; de même dans PÜTTER's Literatur des teutschen Staatsrechts, Th. II, S. 370, 376 et 382 ff., et dans ma Neue Literatur des teutschen Staatsrechts, § 660-669 et 673 ff. Voyez aussi

2) J. G. FESSMAIHN's Grundriß der historischen Hülfswissenschaf- ten. Landshut 1802. 8.

3) J. E. Fabri's Encyclopädie der historischen Hauptwissenschaf-
ten und ihrer Hülfs-Doctrinen. Erlang. 1808. 8.

4) F. Rüus Propädeutik des historischen Studiums. Berlin 1811. 8.

5) Les ouvrages de Politz, de Wachler et d'Ensch indiqués ci-
haut, § 2.

CHAPITRE II.

SOURCES

(c.-à-d. traités et autres actes publics).

SECTION PREMIÈRE.

TRAITÉS PUBLICS.

TITRE PREMIER.

CATALOGUE ET CRITIQUE DES RECUEILS.

(§ 5.)

1) Un *catalogue* et une *critique* des différens Recueils de traités se
trouve dans Chalmer's collection of maritime treaties (voyez
ci-après § 13), p. IV-XI de la préface, et dans le Supplément au
Recueil des principaux traités de M. de Martens, T. Ier, Discours
préliminaire, p. I-LXXIII.

2) Comparez aussi v. Ompteda's Literatur des Volkerrechts, Th. I,
S. 311 ff. u. 429 ff., et v. Kamptz neue Literatur des Volkerrechts,
S. 68 ff. u. 281 ff.

TITRE II.

RECUEILS GÉNÉRAUX.

(c.-à-d. ceux qui comprennent tous les états de l'Europe.)

(§ 6.)

a) *Recueils.*

1) Collectio praecipuorum tractatuum pacis ab a. 1647. ad ann. 1666. (auct. Cph. PELLER von und zu SCHEPPERSHOFF) 1667. 4. édit. 2. 1684. 8.

2) G. W. LEIBNITZ codex juris gentium diplomaticus. Hannov. 1693. fol. rec. ibid. 1724. et Guelpherb. 1447. fol.

3) *Ejusdem* mantissa codicis juris gent. diplomatici. Hannov. 1700. fol. rec. ibid. 1724. et Guelpherb. 1727. fol.

4) (Jacques BERNARD) Recueil des traités de paix, de trève, de neutralité, de suspension d'armes, de confédération, d'alliance, de commerce, de garantie, etc. (depuis 536 jusqu'à 1700). à Amsterd. et à la Haye 1700. T. I-IV. fol. — Ce recueil porte aussi le nom de MOETJENS, l'un des libraires aux frais desquels il a été imprimé.

MOETJENS publia un *Extrait* de ce recueil, fait par Jean Du MONT, qu'il intitula : Recueils des divers traités, etc. A la Haye 1707. 2 vol. in-8º.

5) Jean DU MONT corps universel diplomatique du droit des gens, contenant un recueil des traités d'alliance, de paix, de trève, de neutralité, de commerce, d'échange, de protection et de garantie, etc., faits en Europe depuis Charlemagne jusqu'à présent (depuis 800 jusqu'à 1731). A Amsterd. et à la Haye 1726-1731. T. I-VIII. fol. Chaque tome contient 2 ou 3 parties. — Sur l'auteur voyez le Discours allégué ci-dessus (§ 5) de M. de MARTENS, p. LXXIV-XCIV.

II.

12

Du Mont avait publié déjà en 1710, à Amsterdam, en 2 vol. in-8º, un Nouveau recueil de traités d'alliance, etc.

Supplément au Corps universel diplomatique, etc. de Du Mont. A Amsterd. et à la Haye 1739. T. I-V. fol. Le premier tome contient l'histoire des anciens traités, depuis 1496 avant J.-C. jusqu'à 813 de l'ère chrétienne, par Jean BARBEYRAC; le second et le troisième contiennent des Supplémens au recueil de Du Mont, depuis l'an 315 jusqu'à 1738, par Jean ROUSSET; le quatrième et le cinquième comprennent le Cérémonial diplomatique des cours de l'Europe, par Jean ROUSSET, l'éditeur de tous ces supplémens.

Un autre *Supplément* au Corps universel dipl. de Du Mont, porte le titre suivant : Histoire des traités de paix et autres négociations du XVIIᵉ siècle (1597-1679), par Jean-Yves de St. PRIEST. A Amsterd. 1735. T. I. et II. fol.

6) Jean-Jacques SCHMAUSS corpus juris gentium academicum (1096-1731). Lips. 1730. T. et II. gr. in-8º.

7) F. A. WENCK codex juris gentium recentissimi (135 1772). Lips. Lips. T. I. 1781. II. 1786. III. 1795. gr. in-8º.

8) G. F. de MARTENS recueil des principaux traités d'alliance, de paix, de trève, de neutralité, de commerce, de limites, d'échange, etc. (1761-1801). A Gottingue T. Iᵉʳ (contenant les traités conclus depuis 1761-1778) 1791. T. II (1779-1786) 1791. T. III (1787-1790) 1791. T. IV (Supplémens depuis 1761-1790) 1795. T. V (1791-1794) 1795. T. VI (Supplémens et continuation jusqu'aux préliminaires de Léoben) 1800. T. VII et dernier (Suppl. et contin. jusqu'à la paix de Lunéville) 1801. gr. in-8º. Nouv. édition, revue et augmentée des 4 premiers tomes; ibid. T. I et II 1817, T. III et IV 1818. gr. in-8º.

9) *Du même*, Supplément au Recueil des principaux traités, etc., précédé des traités du 18ᵉ siècle antérieurs à cette époque et qui ne se trouvent pas dans le Corps universel diplomatique de MM. Du Mont et ROUSSET, et autres recueils généraux de trai-

tés. T. I-IV (1701 jusqu'à la fin de 1807). A Gottingue 1802-
1808. T. V. (1808-1814 avril inclusiv.) ibid. 1817. T. VI. (1814-
1815 incl.) 1818. T. VII. (1816-1818 incl. et Supplémens depuis
1808) 1818. gr. in-8o.

Les tomes V, VI et VII de ce Supplément portent aussi le
titre de *Nouveau Recueil* de traités d'alliance, etc. Depuis 1808
jusqu'à présent. T. I, II et III.

(§ 7.)

b) *Extraits de traités publics.*

1) A general Collection of treatys, déclarations of war, manifestos
and other public papers relating to peace and war among the
Potentates of Europa (1648-1731). Lond. 1710-1732. T. I-IV. 8.

2) Traktati miedzi mocartswami Europeyskiemi, etc. (1648-1731).
à Varsovie 1774. T. I-III. 8.

Les extraits et quelques traités en entier y sont donnés en
polonais.

3) Abrégé des principaux traités, conclus depuis le commencement du 14e siècle jusqu'à présent, entre les différentes puissances de l'Europe, disposés par ordre chronologique, par le
vicomte (Charles-François) de MAILLARDIÈRE. A Paris 1778.
T. Ier et II. 12. Seconde édit. ibid. 1783, et dans la seconde
partie de la Bibliothèque politique de l'auteur.

4) Des extraits de traités publics, depuis 1315 jusqu'à 1788 sont
insérés dans l'Encyclopédie méthodique: Economie politique et
Diplomatique (Paris 1788. 4.), p. 367-549.

(§ 8.)

c) *Tables des matières alphabétiques et chronologiques sur les Recueils généraux ci-dessus indiqués et autres.*

1) Chronologie des allgemeinen Staats u chivs, worin die Friedens-

, schlüsse — — sowohl in Europa als andern Theilen der Welt von 1536 bis 1703 angezeigt werden. Hamburg 1704. 8.

2) Jo. Pet. GEORGISCH regesta chronologico-diplomatica (inde ab a. 314 usque ad a. 1730). Hal. 1740-1744. T. I-IV. fol.

3) C. F. HEMPEL's allgemeines Staatsrechts-Lexicon, oder Reperto rium aller, sonderlich in den 5 letzten Saeculis, bis auf den heutigen Tag zwischen den hohen Mächten in ganz Europa geschlossenen Friedens-, Allianz-, Freundschafts-, Commercien- u. a. Haupt-Tractaten, auch der eigenen Fundamental-Gesetze eines Staats, so unter ihre gehörige Titel, und in alphab. Ordnung gebracht worden. Frankf. u. Leipz. 1751-1758. Th. I-IX. 4. (La préface de cet ouvrage contient une liste de 1878 traités dont l'auteur a fait usage. Il finit avec l'article *Constantin-Orden*; il s'en faut donc beaucoup que l'ouvrage soit complet.)

4) Des tables chronologiques et alphabétiques sur les traités de 1731 jusqu'à 1801, se trouvent dans les 5e et 7e tomes du Recueil de M. de MARTENS.

5) Une table chronologique et alphabétique des traités et autres actes publics renfermés dans le Recueil de M. de Martens (T. I-VII, et Supplément T. I-IV), dans la Collection de M. WENCK (T. I-III), et dans la Table des traités entre la France, etc., par M. C. G. KOCH (T. et II. A Bâle 1801 et 1802. 8.), est placée à la fin du quatrième tome du Supplément au Recueil ci-dessus indiqué de M. de MARTENS.

6) La même Table, mais continuée jusqu'au mois de mai 1818, et enrichie des traités qui se trouvent dans les tomes V, VI et VII du Supplément de M. de MARTENS; dans l'Histoire des traités, et dans le Recueil de pièces officielles, publiés par M. SCHOELL, et dans les sept premiers volumes des Actes du congrès de Vienne que j'ai publiés, est imprimée à la fin du T. VII de ce même Supplément au Recueil de M. de MARTENS.

7) G. F. de MARTENS guide diplomatique ou répertoire 1) des principales *lois* des puissances de l'Europe et des Etats-Unis de

l'Amérique relatives au commerce et aux droits des étrangers en temps de paix et de guerre ; et 2) des *traités* et autres *actes publics* qui ont eu lieu dans les relations particulières de ces puissances , etc. , depuis le commencement de ces relations diplomatiques jusqu'à la fin du 18e siècle. T. I et II. A Berlin 1801. 8. (Ce livre, joint au *Tableau diplomatique* , etc., du même auteur — voyez ci-après § 38. —, porte aussi le titre suivant : *Cours diplomatique*, ou tableau des relations extérieures des puissances de l'Europe, dont il forme le 1er et le 2e tome, le Tableau diplomatique en faisant le 3e.)

TITRE III.

RECUEILS SPÉCIAUX.

(c.-à-d. destinés aux traités qu'un même état a conclus avec d'autres états.)

(§ 9.)

1) *ALLEMAGNE.*

1) Jo. Christian Lünig's teutsches Reichs-Archiv. Leipz. 1710-1722. Bd. I-XXIV. fol.

2) Du même, codex Germaniae diplomaticus. Lips. T. I. 1732. T. II. 1733. fol.

3) Jo. Jac. Schmauss corpus juris publici academicum. Lips. 1722. edit. nov. ibid. 1722, 1727, 1735, 1745, 1759, 1774, et, auct. a Rud. Hommel, 1794. gr. in-8o.

4 Ant. Faber's (Cph. Leonh. Leucht's) europàische Staats-Canzley. Bd. I-CXV. Nürnb. 1697-1760, u. Haupt-Register Bd. I-IX, 1761-1772. 8.

5) Ant. Faber's neue europ. Staats-Canzley. Bd. I-XXX, und 2 Bände Haupt-Register. Ulm 1761-1772. 8.

6) Ant. Faber's fortgesetzte neue europ. Staats-Canzley. Bd.
I.-XXV. Ulm 1772-1782. 8. avec une table de matières alphabétique pour les premiers 10 volumes. (Aussi sous le titre de *Neue*
europ. Staats-Canzley, Bd. XXXI-LV.)

7) J. A. Reuss teutsche Staats - Canzley. Th. I.-XXXIX: Ulm
1793-1800. 8. Sous le même titre ont paru les continuations
suivantes : Jahrgang 1799, Bd. I.-VIII, ibid. 1800-1801; Jahrgang
1800, Bd. I.-V, ibid. 1802-1803; Jahrgang 1801, Bd. I.-III, ibid.
1802-103. 8.

8) Der rheinische Bund, herausgegeben von P. A. Winkopp.
Frankf. 1806-1812. Bd. I.-XX, ou Heft 1-60; avec un cahier ren-
fermant des tables de matières, gr.-in-8º. Les premiers volumes
de cette collection ont aussi paru en français à Paris, sous le
titre suivant : Collection des actes, règlemens , ordonnances, et
autres pièces officielles relatives à la confédération du Rhin. A
Paris 1808. T. I.-III. 8. — Cette collection a été continuée sous le
titre de Allgemeine Correspondenz ; von P. A. Winkopp. Offen-
bach 1812 u. 1813. Bd. I u. II (ou six cahiers). gr. in-8º.

9) Différentes collections officielles , et les journaux publiés par
autorité.

(§ 10.)

2) *DANEMARCK.*

1) Recueil de tous les traités, conventions, mémoires et notes,
conclus et publiés par la couronne de Danemarck, depuis
l'année 1766 jusqu'en 1794 inclus. A Berlin 1796. gr. in-8º.

M. H. F. C. Clausen, éditeur de ce recueil; avait l'avantage
de pouvoir se servir des archives du département des affaires
étrangères à Copenhague; voy. la préface.

2) Les recueils des ordonnances du roi qui paraissent chaque année depuis 1700, sous le titre de *Kong.* —— *allernaadigste*

Forordninger, contiennent aussi des traités publics, surtout des traités de commerce.

5) Comme table des matières sur les traités de cet état, peut servir : Ivar. QUISTGLARDI index chronologicus, sistens foedera pacis, defensionis, navigationis, commerciorum, subsidiorum et alia regibus a Daniae et Norvegiae ac comitibus Holsatiae inita cum gentibus intra et extra Europam ; nec non capitulationes, litteras et mercaturae privilegia ab a. 1200. usque 1789. Goetting. 1792. 8.

(§ 11.)

3) *ESPAGNE.*

1) Recueil des traités de paix, de trève et de neutralité entre les couronnes d'Espagne et de France, depuis 1526 jusqu'à 1611. Avers 1645. 12. Imprimé, depuis, plusieurs fois avec des continuations.

2) Collection de los Tratados de Paz, Alianza, Neutralidad, Garantia, etc. (1598-1700), por D. Jos. Ant. de ABREU y BERTODANO. En Madrid 1740-1752. T. I-XII. fol. (Les traités les plus importans des contenus dans cette collection ; se trouvent aussi, en partie abrégés, dans le recueil suivant).

3) Prontuario de los Tratados de Paz, etc. (depuis Philippe III jusqu'à Charles II inclusivement). En Madrid 1749 et suiv. T. I-VIII. 8.

4) Collecciou de los Tratados de Paz, Alianza, Comercio, etc. (depuis 1701 jusqu'à 1800). Madrid T. I. 1796. T. II. 1800. T. III. 1801. fol.

5) Tratados de Paces y Alianzas entre varios Reyes de Aragon y diferentes principes infieles de Asia y Africa desde el Siglo XIII hasta XV. 1 vol. in-4o.

6) Sur une collection manuscrite, faite par le marquis de SANTA

CRUZ, mais interrompue par son expédition pour Oran, voyez
l'Histoire des états barbaresques, II. 236.

(§ 12.)

4) *FRANCE.*

1) Traités de paix et d'alliance entre Louis XII et autres princes,
1498-1508. Paris 1622. 4.

2) Recueil etc. Anvers 1645. Voyez *Espagne.*

3) Recueil des traités de paix, de trève, de neutralité et confédé-
ration, d'alliance et de commerce, etc., faits par les rois de
France depuis trois siècles; par Fréd. LÉONARD. A Paris 1693.
T. I-VI. 4.

● Cette collection contient jusqu'à 900 traités tirés des dépôts
publics de France; mais on s'en peut passer depuis celle de
DU MONT.

4) Capitulations ou Traités anciens et nouveaux entre la cour de
France et la Porte ottomane, renouvelés et augmentés l'an de
J. C. 1740, et de l'Egire 1153; traduits à Constantinople par le
sieur DEVAL, secrétaire-interprète du Roi, etc. A Paris 1770. 4.
(Comparez WENCK codex juris gent. I. 538).

5) Diplomata, chartae, epistolae et alia documenta ad res francicas
spectantia, etc., ediderunt L. G. O. F. de BREQUIGNY et F. J.
G. la PORTE du THEIL (depuis 475-721). A Paris 1791. T. I-III.
fol. (Cet ouvrage n'a pas été continué jusqu'ici).

6) Recueil des traités de paix, d'amitié, d'alliance, de neutralité
et autres, conclus entre la République française et les différentes
puissances de l'Europe, depuis 1792 jusqu'à la paix générale
(sept. 1792 jusqu'en 1802; par A. G. GEBHART). T. I et II à
Göttingue 1796 et 1797. T. III et IV à Hambourg 1803. (Les deux

premiers tomes ont reçu alors un nouveau frontispice, comme s'ils avaient été réimprimés à Hambourg en 1803. On a même fait un autre frotispice avec le titre allemand de Sammlung von Staatsverträgen ———— zwischen der französischen Regierung und den übrigen kriegführendem Mächten. Hamb. 1803. Bd. I-IV. 8).

7) Recueil général des traités de paix, d'alliance, etc. conclus par la République française avec les différentes Puissances continentales pendant la guerre de la révolution, depuis le traité conclu avec le Grand-duc de Toscane jusqu'au traité d'alliance et de commerce avec la république cisalpine (1798). A Paris 1798. 8.

8) Recueil des traités de paix, etc., relatifs à la pacification générale de l'Allemagne, conclus par la République française, depuis 1795 jusqu'à présent. A Berlin 1801. 8.

9) Recueil des traités de paix, etc., relatifs à la pacification générale de l'Allemagne, conclus par la République française avec les différentes puissances belligérantes etc. A Munich 1801. 8. (Cette collection a paru eu français et en allemand).

10) Collection des traités de paix, etc, conclus par la République française pendant la guerre de la révolution (depuis le 9 févr. 1795 jusqu'au 5 nov. 1796); dans l'Abrégé de l'histoire des traités de paix etc., par M. C. Guil. Koch, T. IV (à Basle 1797. 8.), p. 155-244.

11) Code diplomatique, contenant les traités de paix conclus avec la République française, depuis l'époque de sa fondation (1789) jusqu'à la pacification générale terminée par le traité d'Amiens; par Portiez (de l'Oise), tribun. A Paris, vol. I. 1801, vol. II. 1802. Supplément, vol. I et II. 1803. gr. in-8o.

12) Recueil des traités de paix, de commerce, et d'alliance...... 1 vol. in-4o.

13) *Table* des traités de paix, d'alliance, de commerce, de limites, de garantie, etc., entre la France et les puissances étrangères, depuis la paix de Westphalie jusqu'à nos jours; suivie

d'un *Recueil* de traités et d'actes diplomatiques qui n'ont pas encore vu le jour (depuis 1648 jusqu'à 1787); par M. C. Guil.
Koch. A Bâle et à Paris, vol. I 1801 , vol. II 1802. 8.

(§ 13.)

5) *GRANDE - BRETAGNE.*

1) Thomae Rymeri foedera, conventiones, litterae cujuscunque
generis, acta publica, inter Reges Angliae et alios quosvis Im-
peratores, Reges, etc., habita aut tractata (depuis 1101 jusqu'à
1654). La première édition, très-rare, a paru à Londres 1704-
1735. T. I-XX. fol. — Seconde édition des 17 premiers tomes,
par George Holmes, ibid. 1727. fol. Troisième édition, un peu
augmentée, à la Haye 1739. T. I-X. fol. Ces dix volumes contiennent les 20 tomes de la première édition.

2) A general Collection of treatys, declarations of war, manifestes
and other publik papers, etc. (1648-1731). Lond. 1710-1732.
T. I-IV. 8.

3) Collection of all the treaties of peace, alliance and commerce,
between Great-Britain and other Powers, from 1648 till 1771.
Lond. 1772. T. I and II. 8.

Un supplément à cette collection, contenant quelques traités
anciens, a paru sous le titre suivant : Supplement to the Collection of treaties. Lond. 1781. 8.

On a publié une édition nouvelle et augmentée de cette collection avec son supplément, dont le titre :

Collection of all the treaties (*ut supra*) — — — from the treaty
signed at Munster en 1648 to the treaties signed at Paris in, 1783;
to which is prefixed a discourse on the conduct of the gouvernement of Great-Britain in respect to neutral nations, by the right
hon. Charles Jenkinson, in three volumes. Lond. 1785. 8.
Vol. I, from 1648 to 1713. Vol. II, from 1713 to 1748. Vol. III,
from 1750 to 1784.

L'auteur fut élevé au rang de Lord, d'abord sous le nom de HAWKESBURY, puis sous celui de comte LIVERPOOLE.

4) A complet Collection of maritime treaties of Great-Britain. Lond. 1779. 8.

5) A collection of maritime treaties of Great-Britain and other Powers, by George CHALMERS. Lond. 1690. T. I and II. 8.

   Excellent recueil. Les traités conçus en langues étrangères y sont rendus en anglais. L'éditeur a ajouté de bonnes tables de matières.

6) Extracts from the several treaties subsisting between Great-Britain and other Kingdoms and States. Lond. 1741. 4. Seconde édit. avec des changemens, ibid. 1758. 4.

(§ 14.)

6) ITALIE.

1) J. C. Lünig codex Italiae diplomaticus. Francof. et Lips. 1725-1735. T. I IV. fol.

2) Johannis de JOHANNE codex diplomaticus Siciliae. T. I. Panormi 1743. fol.

3) Codice diplomatico del sacro militare Ordine Gerosolimitano——, da Seb. PAOLO in Lucca. Vol. I. 1733. Vol. II. 1734. fol.

(§ 15.)

7) PAYS-BAS.

(Royaume des P.-B., ci-devant États-Unis des P.-B., puis République batave, puis Royaume de Hollande, ensuite Principauté souveraine des Pays Bas-Unis.)

1) Groot Placaet-Boek, etc. (depuis 1576 jusqu'à 1794). In s'Gravenhage 1658-1796. T. I-IX. fol.

2) Recueil van de Tractaaten tusschen de H. M. S. G. ende ver-
scheyde Koningen, etc. Vol. I et II, in-4°.

La continuation de ce recueil pour le titre ci-dessous.

Vervolgh van het Recueil van de Tractaaten, etc. Vol. I-IV,
in-4°.

Sous ces deux titres, le libraire Jacques SCHELTUS a réuni les
traités qui jusqu'alors avaient été imprimés isolément par autorité, aux époques où ils furent conclus.

3) Comme table de matières peut servir : Adr. KLUIT index chronologicus sistens foedera pacis, defensionis, navigationis, commerciorum, subsidiorum, limitum, etc., ab ordinibus Belgii foederati inita cum gentibus intra et extra Europam (1276-1789).
Lugd. Bat. 1789. 8.

4) Des extraits de traités se trouvent dans Adr. KLUIT historiae foederum Belgii foederati primae lineae. Lugd. Bat. P. I. 1790. P. II.
1791. 8.

(§ 16.)

8) *POLOGNE.*

1) Constitutiones Poloniae seu Prawa Konstytucye, etc. (1347-1780).
Warsov. 1732-1790. T. I-VIII. fol.

2) (Matth. DOGIEL) Codex diplomaticus regni Poloniae et magni
ducatus Lithuaniae. Vilnae. T. I. 1758. T. IV. 1764. T. V.
1759. fol.

Les tomes 2, 3, 6, 7 et 8 n'ont pas été publiés ; le père DOGIEL,
piariste à Vilna, en a laissé deux exemplaires complets écrits de
sa main, dont l'un a été transporté à St-Pétersbourg, l'autre est
conservé au couvent des piaristes à Vilna. Vojez SCHEDIUS Zeitschrift von und für Ungern, 1804, S. 301.

5) Traktaty miedzy mocarstowami Europeyskiemi, etc. Warsov.
1774. T. I-III. 8.

Ce sont des extraits de traités, depuis 1648 jusqu'à 1763.

4) J. W. JEZIERSKY Traktaty Polskie, etc. Warsov. 1789. 8.

Ce sont des extraits de traités depuis 1618 jusqu'à 1775.

5) Traktaty, Konwencye, Handlowe y Graniczke, Wszelkie publiczne, Umowy, Miedzig Rzecza pospolita Polska y obcemi Panstwami ad Roka 1764 dotad to restdo R. 1791 za Panowaria Stanislawa Augusta Zawarle swych Oryginal nich iezykach zebrane i ella wygody powszrchny podane do drucka. Warsov. 1791. T. I et II. 8. .

    Ce recueil, qui embrasse l'époque de 1764 jusqu'à 1791, a été publié par M. Dan. GRALATH, professeur à Dantzick.

(§ 17.)

9) *PORTE OTTOMANE.*

Capitulations ou Traités anciens et nouveaux entre la cour de France et la Porte, etc. A Paris, 1770. 4. (Voyez ci-haut § 11, *France.*)

(§ 18.)

10) *PORTUGAL:*

Quelques traités se trouvent dans la collection de documens en six tomes, qui furent publiés à Lisbonne depuis 1739 jusqu'à 1748, et qui appartiennent comme Codex diplomaticus à l'Historia genealogica da Casa Real Portugueza; por Ant. Cajetano de SOUSA. Lisb. 1735-1747. T. I-XII. gr. in-4°.

(§ 19.)

11) *PRUSSE.*

Recueil des déductions; manifestes, déclarations, traités et autres actes et écrits publics, qui ont été rédigés et publiés pour la

cour de Prusse (depuis 1756 jusqu'à 1790) par le ministre d'é-
tat comte de HERTZBERG. A Berlin T. I. 1788. T. II. 1789. T. III.
(A Hambourg) 1795. gr. in-8°.

(§ 20.)

12) *RUSSIE.*

1) Istoritscheskoe Opisanie Rossiiskoi Kommertzii, etc. (c.-à-d.
Description historique du commerce de la Russie); par Michajlo
TSCHULKOW. St. Petersbourg et Moskwa 1781-1787. 21 tomes en
7 volumes gr. in-8₀.

Dans cet ouvrage, surtout dans les tomes 1, 4 et 8, l'auteur a
publié beaucoup de traités et actes publics. Comparez H. STORCH's
historisch-statistisches Gemählde de russischen Reichs, Th. IV,
Vorrede, S. XVII-XXIII.

(L'impératrice Catherine II avait chargé MM. G. F. MÜLLER et
Jean Gotthilf STRITTER de publier un Recueil des traités conclus par la Russie — voyez v. DOHM's Materialien zur Statistik, V. Lieferung, S. 328 —, mais jusqu'ici rien n'en a
paru.)

2) Sobranie gosoudarstvennikh gramot i dogoworof chranjascht-
schüchsia w' gosoudarstvennoi kolegii inostrannich del. Moskwa.
Tome Ier 1813. Tome II. 1818. fol. C. a. d. Collection des Actes
publics et des traités qui se trouvent dans les archives du Collége
des affaires étrangères.

Cette collection officielle a été publiée aux frais de M. le chan-
celier de l'empire, comte RUMANZOF.

(§ 21.)

13) *SUÈDE.*

1) (G. R. MODÉE) Utdrag af de emellan Hans Konglige Majestaet
och Cronan Suerige an ena och utrikes Magter a andra sidan se-

dan 1718 slutna Alliance, Tractater och Afhandlinger (1718-
1753). Stockholm 1761. 4.

2) Quelques traités se trouvent aussi dans la Collection que ce
même M. Modér a publiée sous ce titre : Utdrag utar alle ifrän
den 6. Dec. 1718 utkomme publique Handlingar, etc. (1718-
1779). Stockh. 1741-1783. T. I-XI. 4.

3) J. C. Dæhnert's Sammlung pommerscher und Legischer Lan-
desurkunden. Stralsund 1765-1769. Th. I-III. Supplemente,
Th. I, 1782. Th. II, 1786. fol.

Un recueil ou codex diplomaticus en 24 volumes, à la manière de
celui de Rymer pour la Grande-Bretagne, destiné à recevoir les
anciens traités, et rédigé par Jean Pæningskiöld, n'est pas encore imprimé. Conférez Magni a Celse apparatus ad historiam
Sueco-Gothicam, Sect. I. (Holmiae 1782. 4.) p. 3.

4) Voyez aussi : a) C. F. Georgii progr. historia foederum Sueciam inter et Russiam.... — b) Ejusd. progr. I-VII. historia foederum, praecipue recentiorum, Sueciam inter et Daniam.... 1758-
1762. 4. — c) E. M. Fant diss. de primis Sueciae foederibus extra septentrionem. Upsaliae 1782. 4.

Sur les traités de la Norwége, voyez ci-dessus § 10, Danemarck.

(§ 22.)

14) SUISSE.

1) (Jo. Rud. Holzer's) Sammlung der vornehmsten Bündnüs-
sen, Verträgen, Vereinigungen, etc. welche die Cron Frankreich
mit löblicher Eydgenossenschaft und dero Zugewandten ins-
gesamt und insbesondere aufgerichtet. Bern 1732. 8.

2) (Du même) Die Bündnüsse und Vertrage der helvetischen Nation, welche theils die unterschiedene Stadte und Republiquen
mit einander, theils alle ingesamt mit auswärtigen Potentaten
haben. Bern. 1732. 4.

3) On trouve aussi quelques traités dans H. J. Lau's allgemei-
nem helvetisch - eidgenössischem Lexicon. Zürich 1747-1765.
Th. I-XX. 4. Continué par H. J. Holzhalb, ibid. 1786-1791
(R-S). Th. I-V. 4.

4) Les capitulations qu'a conclues le canton de *Berne* avec des
puissances étrangères, ont été imprimées à Berne en 1764. 8.

5) Pundtnerische Tractate, etc., durch Andr. Pfeffer. Chur.
1728. 8.

6) Les ouvrages suivans méritent aussi d'être consultés : a) Traité
historique et politique des alliances entre les XIII cantons, depuis Charles VII jusqu'à présent; par M. V. (Vogel), G. J.
D. G. S. (c. à. d. Grand-juge des gardes suisses). A Paris 1733.
8. — b) Priviléges des Suisses accordés aux villes impériales et
anséatiques et aux habitans de Genève résidans en France, par
M. V(ogel), G. J. D. G. S. à Yverdun 1770. 4. — c) C. E. Rosse-
let's Versuch einer Abhandlung von den schweizerischen
Schutz- und Schirm-Bündnissen. 1757. 4. — d) J. H. Gleser
Specimen observationum circa Helvetiorum foedera. Basil.
1760. 4.

(§ 23.)

15) *ÉTATS-UNIS D'AMÉRIQUE.*

Des traités conclus par eux se trouvent dans les collections suivantes :

1) The Laws of the united States of America (1789-1799). Philadelphia 1799. T. I-IV. 8.

2) Actes et Mémoires publiés par A. G. Gebhardt, indiqués ci-
après, § 24.

SECTION II.

ACTES PUBLICS.

——

TITRE PREMIER.

COLLECTIONS DESTINÉES A EMBRASSER UNE PÉRIODE DÉTERMINÉE.

(§ 24.)

1) Vittorio SIRI Memorie recondite (1601-1640). Cette collection a été publiée d'abord à Ronco, ensuite à Paris, en dernier lieu à Lyon, depuis 1677 jusqu'à 1679, en 8 volumes in-4º.

2) *Du même*, Mercurio (1635-1655). A Casale, Genève, Lyon, Paris, Florence, 1644-1682. T. I-XV en 17 volumes in-4º.

3) Jo. Christ. LÜNIGII literae procerum Europae, etc., ab a. 1552. usque ad ann. 712. lingua latina exaratae. Lips. 1712. T. I-III. 8.

4) *Du même*, Sylloge publicorum negotiorum —— intra vicennium latina lingua tractatorum. Francof. 1694. 4. Supplementum et Continuatio Sylloges, etc., ab a. 1674-1702. ibid. 1702. 4.

5) De LAMBERTY Mémoires pour servir à l'histoire du XVIIIme siècle, contenant les négociations, traités, etc. (1700-1718). A la Haye 1724-1734. T. I-XIV. 4. Seconde édit. 1731-1740. 4.

6) Jean ROUSSET recueil historique d'actes, négociations, mémoires et traités (1714-1748). A la Haye, quelques tomes aussi à Amsterdam et à Leipzig, 1728-1755. T. I-XXI (ou XXII?). 8.

7) C. G. BUDER's Sammlung verschiedener, meist ungedruckter Schriften, Berichte, Urkunden, etc., welche zu Erläuterung des Natur- und Völkerrechts, etc., dienen. Fränkf. 1735. 8.

II.   13

8) Sammlung einiger Staatsschriften nach Carls VI. Ableben
(1741-1743). Th. I-IV. 8 ; de même, unter Carl VII. (1744-1747).
Th. I-III. 8, et unter Franz I. (1749-1754). Th. I-VIII. 8.

9) Sammlung der neusten Staatsschriften, zum Behuf der Historie des jetzigen Kriegs, auf das Jahr 1756. Frankf. u.
Leipz. 1757. 4. Cette collection a été continuée sous le titre
suivant :

10) Teutsche Kriegs-Canzley auf die Jahre 1757 bis 1763. Ibid.
1757-1763. Th. I-XVIII. 4.

11) Mémoires et négociations entre la France et l'Angleterre, de
1761. 8.

12) La correspondance entre l'Autriche et la Prusse en 1778 ; dans
les Oeuvres posthumes de Frédéric II, t. V (à Berlin 1789. 8.),
p. 209-288.

13) Actes relatifs au traité de paix entre la Russie et la Porte ottomane ; dans le Recueil des principaux traités, etc., de M. de
MARTENS, T. V, p. 53-66.

14) Les collections publiées par Ant. FABER, REUSS et WINKOPP,
sont indiquées ci-haut § 9.

15) A HENNINGS Sammlung von Staatsschriften, die während des
Seekriegs von 1776 bis 1783, sowohl von den kriegführenden
als auch von den neutralen Mächten öffentlich bekannt gemacht
worden sind, in so weit solche die Freiheit der Schiffahrt und
des Handels betreffen. Hamb. Bd. I. 1784. Bd. II. 1785. 8.

16) Recueil des déductions, etc., du comte de HERTZBERG (voyez
ci-haut § 19).

17) Sur la révolution en *Hollande*, en 1788, il a paru une collection de mémoires et écrits, en 50 cahiers in-8°.

18) A Collection of State-Papers relating to the war against
France now carrying on by Great-Britain and the several other
European Powers. Lond. 1794-1796. T. I-IV, en cinq volumes
in-8°.

19) Correspondance complète de lord MALMESBURY (ou Recueil de toutes les pièces officielles relatives à la négociation de Lille , en 1797). A Paris 1797. 8.

20) Recueil des actes diplomatiques concernant la négociation de lord MALMESBURY avec le gouvernement de la rép. française , à Paris du 22 oct. au 20 déc. 1796 ; par l'auteur de la Politique raisonnée , etc. A Hambourg, à la Haye, à Londres, à Paris, gr. in-8°. (Sans indication de l'année où il a paru. La préface est datée d'U....t le 16 févr. 1797.)

21) Négociation de lord MALMESBURY, à Lille en 1797. (Traduction de « List of papers , presented by His Majesty's Com- » mand », imprimé à l'usage du parlement, à Londres 1777. fol.)

22) Recueil des principaux actes publics sur les relations politi- ques de la France avec les États de l'Italie, depuis l'année 1787 jusqu'au moi de mai 1796 ; on y a annexé une table des actes con- cernant les rapports entre l'Espagne et la France (par M. Joach. de SCHWARZKOPF). A Francfort sur le Mein 1796. 8.

23) Recueil de mémoires et autres pièces authentiques relatives aux affaires de l'Europe et particulièrement celles du Nord , pendant la dernière partie du 18 ne siècle; par le baron ALBE- DYHL. A Stockholm T. I. 1898. 8.

24) Originale Actenstücke über die letzte Irrung zwischen Däne- mark und England , und die neueste nordische Convention. Mit Einleitung herausgegeben von C. U. D. v. EGGERS. Copenhagen 1801. 8.

25) Papiers relatifs à la rupture avec l'Espagne , présentés au par- lement le 24 janvier, 2, 4 et 6 févr. 1805. Traduits de l'an- glais , etc. Londres (1805). 8.

26) Recueil de pièces officielles, ainsi que des pièces fugitives les plus intéressantes publiées par les gouvernemens respectifs , ou avec leur assentiment à dater des dernières négociations en 1806,

entre la France, l'Angleterre et la Prusse. Amsterd. 1807.
No I et II. 8.

27) Paul Oestenreicher's Kriegs-Archiv des rheinischen Bundes.
Bamberg 1806-1808. 4.

28) Actes et Mémoires concernant les négociations qui ont eu
lieu entre la France et les États-Unis de l'Amérique depuis 1793
jusqu'à la conclusion de la convention du 30 sept. 1800 (par
A. G. Gebhardt). A Londres 1807. T. I-III 8. Cette collection a
reçu un nouveau frontispice avec le titre suivant.

State-Papers relating to the diplomatick transactions between the
American and French Governments, from the year 1793 to the
Conclusion of the Conxention on the 30th of september 1800.
Collected by A. G. Gebhardt, formerly Secretary to the Saxon
Legation in London. Vol. I-III. Lond. 1816. 8.

29) Mémoires et actes authentiques relatifs aux négociations qui
ont précédé le partage de la Pologne. Tirés du portefeuille
d'un ancien ministre du 18e siècle. 1810. 8.

30) C. A. Fischer's neues französisch-diplomatisches Lesebuch,
oder Sammlung französischer Original-Aufsätze über diploma-
tisch-politische Gegenstände der neuesten Zeit (1796-1807).
Leipz. 1808. Th. II (1808-1812). 1813. gr. in-8o. Cette collection porte aussi le titre suivant: Collection générale et complète
de lettres, proclamations, discours, messages, etc., de Napoléon-
le-Grand.

31) Du même, Collection générale des pièces officielles qui servent
à l'histoire diplomatique de la France, depuis 1792 jusqu'à 1812.
A Tubingue 1815. 8.

32) Allgemeines diplomatisches Archiv für die neueste Zeitgeschichte; enthaltend eine vollständige Sammlung aller — —
Actenstücke seit Entstehung des gegenwärtigen europäischen
Staatenbundes wider Frankreichs Uebermacht. Herausgegeben
von C. G. Dümge. I. Band (1812 et 1813). Heidelb. 1814. 4.

33) Recueil de pièces officielles destinées à détromper les Français sur les événemens qui se sont passés depuis quelques années ; par Frédéric Schoell. A Paris 1814-1816. T. I-IX. 8.

34) Archives politiques et diplomatiques, ou recueil de pièces officielles, mémoires et autres morceaux historiques, inédits ou peu connus, relatifs à l'histoire des 18e et 19e siècles. Par F. Schoell. A Paris T. Ier 1818. T. II et III 1819.

TITRE II.

COLLECTIONS SEULEMENT DESTINÉES AUX AFFAIRES QUI ONT ÉTÉ TRAITÉES DANS UN CONGRÈS DE PAIX OU AUTRE.

(§ 25.)

A cette classe appartiennent les Collections destinées aux affaires qui ont été traitées dans un congrès de paix ou autre, tel que celui de Westphalie, des Pyrénées, d'Oliva, de Nimègue, de Ryswik, d'Utrecht, de Rastadt et de Baden (1714), de Belgrade, d'Aix-la-Chapelle (1668 et 1748), de Vienne (1735-1738), de Paris (1763), de Teschen, de Paris (1783), de Bâle, de Campo-Formio, de Rastadt, de Lunéville, d'Amiens, de Presbourg, de Vienne (1809), de Paris (1814 et 1815), de Vienne (1814 et 1815), d'Aix-la-Chapelle (1818).

Des Collections de cette espèce sont indiquées dans v. Ompteda's Literatur des Völkerrechts, Th. II, S. 474-481, et dans v. Kamptz neue Literatur des Völkerrechts, S. 79-93.

Joh. Ludw. Kluber's Acten des wiener Congresses in den Jahren. 1814 und 1815. Erlangen 1815-1819. Bd. I-VIII. gr. in-8°.

CHAPITRE III.

OUVRAGES ÉLÉMENTAIRES ET SYSTÉMATIQUES SUR LE
DROIT DES GENS.

SECTION PREMIÈRE.

OUVRAGES ÉLÉMENTAIRES.

(§ 26.)

1) Joh. Jac. Mosnn's Anfangsgründe der Wissenschaft von der heutigen Staatsverfassung von Europa, und dem unter den europäischen Potenzen üblichen Völker- und allgemeinen Staatsrecht. Tübingen 1732. 8.

2) *Du même*, Entwurf einer Einleitung zu dem allerneuesten Völkerrecht in Kriegs- und Friedenszeiten; dans ses Vermischten Schriften, Th. II. 1736. 8.

3) *Du même*, Grundsatze des jetzt üblichen europaischen Völkerrechts in Friedenszeiten. Hanau 1750. Neue Aufl. Frankf. 1763 u. Nürn. 1777. 8.

4) *Du même*, Grundsatze des jetzt üblichen europaischen Völkerrechts in Kriegszeiten. 1752. 8.

5) *Du même*, Erste Grundlehren des jetzigen europäischen Völkerrechts. Nürnb. 1778. 8.

6) Henr. Köhler juris socialis et gentium ad jus naturae revocati Specimina VII. Jen. 1736. 4.

7) Jo. Ad. Ickstatt elementa juris gentium. Wirceburgi 1740. 4.

8) Chr. L. B. de Wolff institutiones juris naturae et gentium.

Hal. 1750. 8. Aussi 1754, seulement avec un nouveau frontispice.
Des traductions allemande et française de ce livre ont paru sous
les titres suivans :

Chr. Frhrn. v. WOLFF's Grundsätze des Natur- und Völkerrechts.
Halle 1754. 8. Neue Aufl. 1769. 8.

Institutions du droit de la nature et des gens. Traduit du latin de
M. WOLFF, avec des notes par Elie LUZAC. A Leide 1772. T. I et
II. 4. Réimprimé avec l'original latin; ibid. eod. T. I-VI. 8.

9) J. J. BURLAMAQUI principes du droit politique. Ouvrage post-
hume. A Genève 1751. 4. Réimprimé en ajoutant sur le titre :
« publié complet pour la première fois », à Lausanne 1784. 8.

10) *Du même*, Principes du droit de la nature et des gens. A Yver-
don 1766. 8.

11) *Du même*, Principes du droit naturel et politique. A Genève
1764. T. I et II. 8.

12) Institutes of natural laws, being the substance of a course of
lectures on GROTIUS de jure belli et pacis; by T. RUTHERFORTH.
London 1754. 8.

13) (J. F. L. SCHRODT) Systema juris gentium, quod sub directo-
ratu F. W. S. de CRONENFELS — — publicae disputationi sub-
mittit Adalb. S. R. J. comes CZERNIN de Chudenitz. Pragae
1768. 4. Nouvelle édition, revue et augmentée, avec le nom de
l'auteur, M. SCHRODT, qui ne s'est point nommé dans la première,
à Bamberg 1780. 8

14) Précis du droit des gens, de la guerre, de la paix, et des
ambassades; par M. le vicomte de MAILLARDIÈRE. A Paris
1775. 12. Aussi dans le Ier tome de la Bibliothèque politique de
l'auteur.

15) Lud. Conr. SCHROEDER elementa juris naturae, socialis et gentium. Groningae. 1775. gr. in-8°.

16) Godofr. ACHENWALL juris gentium europaearum practici pri-

mae lineae. Fragmentum libelli ob b. auctoris mortem nunc s
tandem in lucem editum. Goetting. 1775. 8.

17) Lauriz Nörrbgaard Folke Retts förste Grunde. Kiöbenhavn
1776. 8.

18) (C. G. Günther's) Grundrifs eines europäischen Völkerrechts,
nach Vernunft, Verlragen , Herkommen und Analogie. Rägens-
burg 1777. 8.

19) Principes du droit des gens européen conventionnel et coutu-
mier; par P. J. Neyron. A Brunswic 1783. 8. La continuation
de ce livre, qui devait traiter du droit des gens en temps de
guerre , n'a point paru.

20) Élémens du droit politique; par Courvoisier. Paris 1792. 8.

21) G. F. Martens primae lineae juris gentium europaearum
practici. Goett. 1786. 8.

22) Précis du droit des gens moderne de l'Europe fondé sur les
traités et l'usage; par M. Martens. A Gottingue 1789. T. I
et II. 8. La seconde édition porte sur le titre l'avis suivant : « pour
servir d'introduction à un cours politique et diplomatique; par
G. F. de Martens. Seconde édition entièrement refondue. A Gottingue 1801. » gr. in-8o.

Une traduction anglaise de la première édition a paru sous ce
titre : Summary of the Law of Nations, etc. , translated from the
French by William Cobbet. Philadelphia 1795. 8.

23) G. F. v. Martens Einleitung in das positive europäische Völkerrecht, auf Verträge und Herkommen gegründet. Goettingen
1796. gr. in-8o.

24) Erklärung der Lehrsätze des allgemeinen Staats- und Völkerrechtes , nach Martens. Wien 1791. 8.

) P. T. Köhler's Einleitung in das practische europäische Volkerrecht. Mainz 1790. gr. in-8°.

26) An essay of the Laws of Nations as a Test of Manners. London 1790. 8.

27) Elementos de Derecho publico de la Paz y de la Guerra illustr. con noticias historicas, leyes y doctrinas del derecho espagnol. Madrid 1793. T. I et II. 8.

28) C. U. D. de Eggers institutiones juris civitatis publici et gentium universalis. Hafniae 1796. 8.

29) Institutions du droit de la nature et des gens; par Gérard de Rayneval. A Paris, an XI (1803), gr. in-8₀.

30) Table des matières contenues dans la science du droit des gens moderne de l'Europe; par Chrét. de Schlözer. à Dorpat 1804. 8.

31) Friedr. Saalefeld's Grundrifs eines Systems des europäischen Völkerrectht. Goett. 1809. 8.

32) De jure generis humani, vel divisi in gentes, vel in unam civitatem scilicet hunc orbem conjuncti, seu de jure gentium et cosmopolitico. Stuttgard. 1811. 8.

33) Theod. Schwarz europäisches Völkerrecht. Berlin 1817. 8.

34) Jul. Schmelzing's systematischer Grundrifs des europaischen Völkerrechtes. Rudolstadt Th. I. 1818. 8.

SECTION II.

OUVRAGES SYSTÉMATIQUES D'UNE PLUS GRANDE ÉTENDUE.

(§ 27.)

1) Hugo Grotius de jure belli et pacis. Paris. 1625. 4. Editio emendata ab auctore, Amstelod. 1632. 8. Repetita ibid. 1642. 8.

Quarante-cinq, et cependant pas toutes les *éditions* de cet ouvrage, qui ont paru jusqu'en 1758, sont indiquées dans v. Ompteda's Literatur des Völkerrechts, Th. II, S. 392 ff. En voici les

meilleures : Cum notis J. F. Gronovii, Amstelod. 1700. 1701-
1702 et 1712. gr. in-8°. Cum notis J. F. Gronovii et Jo. Barney-
racii. Amstelod. 1719 et 1720. corrigée ibid. 1735. et Lips. 1753.
T. I et II. 8. Cette édition a été réimprimée, avec quelques changemens et augmentations, et avec des remarques de Meynard Ty-
demann , à Utrecht 1772. gr. in-8°.

Il a aussi paru des *traductions*, allemande, anglaise, hollandaise,
suédoise, danoise, et plusieurs françaises; la meilleure de ces
dernières est celle de Jean Barbeyrac, imprimée en 1724 et en
1729, à Bâle 1750, 4ᵉ édit. à Amsterd. 1754 in-4°, 5ᵉ édit. ibid.
1759 in-4°, 6ᵉ édit. à Bâle 1768 en 2 volumes in-8°; une nouvelle
traduction française, par A. Jeudi Dugour, a paru à Paris 1792
en deux volumes in-8°; voyez v. Ompteda's Literatur des Volkerrechts, Th. II. S. 404 ff.

2) Sam. Pufendorf de jure naturae et gentium libri VIII. Londini
Scanor. 1672. in-4°, et augmentée par l'auteur, de la valeur de
plus d'un quatrième, à Francfort 1684 in-4°.

Cette dernière édition a été réimprimée six fois. Elle a ensuite
paru cum adnotationibus Jo. Nic Hertii, Francof. 1706, Amstelod. 1715, et Francof. 1716. La meilleure édition est celle dont
le titre porte les mots suivans : « cum integris commentariis
J. N. Hertii atque Jo. Barbeyracii recensuit et animadversio-
nibus illustravit Gottfr. Mascovius. » Francof. et Lips. 1744.
T. I et II. 4. rec. ibid. 1758. 4.

· On en a publié des *traductions*, en allemand , en anglais, en
italien et en français; la dernière par Jean Barbeyrac, avec des
remarques, à Amsterd. 1706, T. I et II. in-4°, corrigée ibid.
1712 in-4°, réimprimée ibid. ou plutôt à Paris 1713, 1715, et encore plusieurs fois, aussi à Bâle 1732 in-4°, enfin de nouveau revue et augmentée de deux discours par le traducteur, à Amsterd.
1734, T. I et II in-4°, et à Bâle 1750 et 1771 in-4°. Voyez J. G.
Meusel's historisch-literärisch-biographisches Magazin , St. II,
S. 39 ff.

3) Ad. Frid. GLAFEY's Vernunft- und Völkerrecht. Frankf. u.
Leipz. 1723. 4. Nouv. édit. ibid. 1732 et 1746. 4. Dans la troisième édition, le droit des gens a été séparé du reste de l'ouvrage
sous le titre suivant :

4) A. F. GLAFEY's Völkerrecht. Nürnb., Frankf. und Leipz.
1752. 4.

5) Christian. L. B. de WOLFF jus gentium methodo scientifica per-
tractatum. Hal. 1749. 4.

Un extrait français de ce livre a paru sous ce titre : Principes
du droit de la nature et des gens; extrait du grand ouvrage latin
de M. de WOLFF, par M. FORMEY. A Amsterd. 1758. 4.

6) La science du gouvernement ; par M. de RÉAL; tome V^e contenant le droit des gens. A Paris 1754. 8. Seconde édit. ibid.
1764. 4.

L'ouvrage entier comprend *huit* volumes; il a paru à Paris en
1754. Une traduction allemande a été publiée par J. P. SCHULIN,
à Francf. et Leipsig 1762 1767. gr. in-8o.

7) Le droit des gens, ou principes de la loi naturelle appliqués à la
conduite et aux affaires des nations et des souverains; par Emer.
de VATTEL. A Leide 1758. T. I et II. in-4o.

Seconde édit. ibid. 1758. T. I-III in-12. Nouv. édit. augmentée, revue et corrigée à Neufchâtel 1773. T. I et II in-4o. A Lyon 1802.
T. I-III gr. in-8o. Avec quelques remarques de l'éditeur, à
Amsterd. 1775. T. I et II in-4o. Avec quelques remarques, tirées
en partie des manuscrits de l'éditeur, à Bâle 1777. T. I-III in-12.
Sans ces remarques, mais avec la biographie de l'auteur, à Neuf-
châtel 1777. T. I-III in-8o, et à Nîmes 1793. T. I-III in-8o. Tra-
duit en allemand, par J. P. SCHULIN, à Francf. et Leips. 1760.
T. I-III in-8o. Sur le mérite des différentes éditions, voyez A. F.
SCHOTT's unpartheyische Critik, Bd. VI, S. 539, Bd. VII, S. 411,
Bd. IX, S. 284.

Quelques passages de cet ouvrage ont été attaqués dans l'écrit
suivant : Essai sur le droit des gens (par M. de CHAMBRIER).
(Sine loco) 1795 in-4o.

8) Principes du droit de la nature et des gens; par J. J. Burlamaqui; avec la suite du droit de la nature, augmenté par M. de
Felice. A Yverdun 1766-1768. T. I-VIII. 8. Les trois derniers tomes contiennent le droit politique et des gens.

9) Joh. Jac. Moser's Versuch des neuesten europäischen Völkerrechts in Friedens- und Kriegszeiten, vornehmlich aus Staats-
handlungen seit 1740. Frankf. 1777-1780, Th. I-X, en 12 volumes. gr. in-8o.

10) *Du même*, Beyträge, etc. (Voyez ci-après, § 30.)

11) K. G. Günther's europäisches Völkerrecht in Friedenszeiten,
nach Vernunft, Verträgen und Herkommen. Altenburg Th. I.
1787. Th. II. 1792. gr. in-8o. La continuation de cet ouvrage fort
estimé paraît être interrompue.

12) Du droit public et du droit des gens, ou Principes d'association civile et politique, suivis d'un projet de paix générale et
perpétuelle; par J. J. B. Gondon d'Assoni. A Paris 1808.
T. I-III. 8.

13) C. U. D v. Eggers natürliches Staats- und Völkerrecht. Wien
Th. I. 1809. Th. II. 1810. 8.

SECTION III.

OUVRAGES SUR LE DROIT DES GENS DES ÉTATS D'ALLEMAGNE.

(§ 28.)

1) J. J. Moser's teutsches auswärtiges Staatsrecht. Frankf. u. Leipz.
1772. in-4o.

   Des *Supplémens* à cet ouvrage ont été publiés par l'auteur, dans
ses Abhandlungen verschiedener Rechtsmaterien, St. XIV, S.
323 ff.

2) *Du même*, teutsches nachbarliches Staatsrecht. Frankf. u. Leipz. 1773. 4.

3) C. H. v. Römer's Völkerrecht der Teutschen. Halle 1790. 8.

4) J. L. Klüber's offentliches Recht des teutschen Bundes und der Bundesstaaten (Frankf. 1817. gr. in-8o), § 9. 66. 71. 105 ff., 460 ff., 464 ff. u. 468 ff.

CHAPITRE IV.

OUVRAGES SÉPARÉS SUR LES MATIÈRES PRINCIPALES DU DROIT DES GENS.

Les ouvrages de ce genre, sur le droit d'ambassade, sur celui du rang, de la mer, du commerce, de la neutralité et de la guerre, se trouvent indiqués dans le présent livre aux endroits mêmes où il a été traité de ces différentes matières.

CHAPITRE V.

COLLECTIONS D'OUVRAGES SUR DIVERS OBJETS.

1) Observationes selectae (Halenses). Hal. 1700-1705. T. I-X. 8.

2) Henr. de Cocceji exercitationes curiosae. Lemgoviae 1722. 4.

3) Corn. van Bynkershoek quaestionum juris publici libri duo. Lugd. Bat. 1737. 4. Edit. 2. ibid. 1752, et dans ses Operibus omnibus, T. II (Lugd. Bat. 1767. fol.), p. 185-290.

4) Joh. Jac. Moser's vermischte Abhandlungen aus dem europaischen Volkerrecht, Hanau (Nürnberg) 1750. St. I-III. 8.

5) *Du même*, Beyträge zu dem neuesten europaischen Völkerrecht in Friedenszeiten. Stuttgart 1778-1780. Th. I-V. 8.

6) *Du même*, Beyträge zu dem neuesten europaischen Völkerrecht in Kriegszeiten. Tübingen 1779-1781 Th. I-III. 8.

7) *Du même*, Beyträge zu dem neuesten europaischen Gesandt-schaftsrecht. Frankf. 1781. 8.

Ces trois collections, nᵒ 5-7, se rapportent à l'ouvrage de M. MOSER, intitulé *Versuch*, etc., allégué ci-dessus, § 27, nᵒ 9.

8) Friedr. Christian v. MOSER's kleine Schriften zur Erlauterung des Staats- und Volkerrechts. Frankf. 1751-1765. Bd. I-XII. 8.

9) *Du même*, Beytrage zu dem Staats- und Völkerrecht und der Geschichte. Frankf. 1764-1765. Bd. I-IV. 8.

10) A. F. SCHOTT's juristisches Wochenblatt. Leipz. 1772-1775. I-IV. Jahrgang. 8.

11) Joh. Cph. Wilh. v. STECK's Versuche über einige erhebliche Gegenstande, etc. Frankf. u. Leipz. 1772. 8.

12) (*Du même*) Ausführungen politischer und rechtlicher Materien. Berlin 1776. 8.

13) *Du même*, Observationum subsecivarum Specimen. Hal. 1779. 8.

14) (*Du même*) Essais sur divers sujets de politique et de jurisprudence. 1779. 8.

15) *Du même*, Versuche über Handlungs- und Schiffahrts-Verträge. Halle 1782. 8.

16) *Du même*, Versuche über verschiedene Materien politischer und rechtlicher Kenntnisse. Berlin u. Stralsund 1783. 8.

17) *Du même*, Ausführungen einiger gemeinnützlichen Materien. Halle 1784. 8.

18) (*Du même*) Essais sur quelques sujets intéressans pour l'homme d'état et de lettres (Halle) 1784. 8.

19) (*Du même*) Eclaircissemens sur quelques sujets intéressans pour l'homme d'état et de lettres. A Ingolstadt (Berlin) 1785. 8. Traduit en allemand sous ce titre : Erlauterungen verschiedener Gegenstande, etc.; aus dem Französischen des Hrn. Geh. Raths v. St. zu B., ins Deutsche übers. von F. A. J (John). Schmalkalden 1786. 4.   -.

20) *Du même*, Abmüssigungen. Hall. 1787. 8.

21) (*Du même*) Echantillon d'essais sur divers sujets intéressans pour l'homme d'état et de lettres. Halle 1789. 8.

22) *Du même*, Essais sur plusieurs matières intéressantes pour l'homme d'état et de lettres. Halle 1790. 8.

23) *Du même* , Essais sur divers sujets relatifs à la navigation et au commerce pendant la guerre. Berlin 1794. 8.

24) Dan. Nettelblat's Erorterungen einiger einzelnen Lehren des teutschen Staatsrechts. Halle 1773. 8.

25) J. C. Siebenkees juristisches Magazin. Jena 1782, Bd. I. 8.

26) *Du même*, Beytrage zum teutschen Recht. Nürnb. u. Altorf 1786-1790. Th. I-VI. 8.

27) E. F. Hagemeister's Beyträge zu dem europaischen Völkerrecht, besonders bey Gelegenheit des gegenwartigen nordischen Kriegs. Stralsund 1790. St. I. 8.

28) C. D. Erhartt's Amalthea. Leipz. Bd. I. 1788. Bd. II. 1790. 8.

29) Bibliothèque de l'homme public , ou analyse raisonnée des principaux ouvrages français et étrangers, sur la politique en général———— et sur le droit naturel et public; par M. le marquis de Condorcet, M. de Peysonel , M. le Chapelier, à Paris 1790, T. I-XII. 1791, T. I-XII. 1792, T. I-IV. gr. in-8°.

30) Oeuvres complètes de l'abbé de Mably. Lyon 1792, T. I-XII. in-8° et in-12.

31) Oeuvres posthumes de M. l'abbé de Mably. Paris 1790-1791. T. I-VI. 8.

32) Collection complètes des œuvres de l'abbé de MADLY. A Paris, an III de la rép. (1794 à 1795). T. -IXV. gr. in-8°. ·

33) J. C. L. ZECHIN's Abhandlungen über das europaische Völker-, Kriegs-und Friedensrecht. Halle 1793. 8.

34) J. Theod. ROTH's Archiv für das natürliche und positive Völkerrecht. Nürnb. u. Altorf 1794. I. Heft. in-8°.

35) Joh. Richard v. ROTH's Abhandlungen aus dem teutschen Staats- und Völkerrecht. Bamberg 1804. 8.

36) C. H. K. A. v. KAMPTZ Beiträge zum Staats- und Völkerrecht. Berlin Bd. I. 1815. 8.

CHAPITRE VI.

MONOGRAPHIES OU DISSERTATIONS ET BROCHURES.

(§ 31.)

Les traités de cette espèce sont indiqués dans les principaux ouvrages de littérature allégués ci-haut §. 2, et en grande partie dans le présent livre, chacun dans tel § auquel il appartient.

CHAPITRE VII.

DÉDUCTIONS ET CONSULTATIONS DES JURISCONSLTES.

SECTION PREMIÈRE.

DÉDUCTIONS.

(§ 32.)

1) On a publié des *Catalogues* des Déductions imprimées, sous les titres ci-dessous :

a) Joh, Chr. Lünig's bibliotheca deductionum ; vermahrt von G. A. Jenichen. 1745. 8.

b) Deductions-Bibliotek von Deutschland (von C. S. v. Holzschuher). Nürnb. Th. I 1778. Th. II 1779. Th. III 1781. Th. IV 1783. gr. in-8o. Les deux derniers tomes ont été publiés, après la mort de M. de Holzschuher, par M. J. C. Siebenkees.

c) M. Günther, dans la préface du premier tome de son Europaisches Völkerrecht (voyez ci-haut § 27), a fait espérer de voir publier par lui un *Catalogue* des Déductions et autres écrits publics des puissances de l'Europe.

2) Jo. Chr. Lünig's Grundfester europaischer Potentaten Gerechtsame, worinnen durch auserlesene Deductionen dargetthan wird, wie es um aller Potentaten hohe Jura, Ansprüche und Präcedenz-Streitigkeiten beschaffen sey. Leipz. 1716. fol.

3) *Du même*, Selecta scripta illustria. Leipz. 1723. fol.

4) Collectio nova actorum publ. I. R. G., oder Sammlung der in den J. 1750 1753 in Deutschland zum Vorschein gekommenen Deductionen. Th. I-VIII. Nürnb. 1751-1753. 8.

5) Joh. Jac. Moser's Sammlung der neuesten u. wichtigsten Deductionen in deutschen Staats- und Rechtssachen. Th. I-IX. Frankf. u. Leipz. 1752-1764. 4.

6) Neueste Sammlung auserlesener Deductionen. Th. I-III. Giessen 1778. fol.

7) J. A. Reuss Deductions- u. Urkunden-Sammlung. Bd. I-XV. Ulm 1785-1799. 8.

8) Le Recueil du comte de Hertzberg, indiqué ci-haut § 19.

Plusieurs des livres nommés ci-dessus § 24, appartiennent aussi à cette classe.

SECTION II.

CONSULTATIONS.

(§ 33.)

1) Joh. Chr. Lünnig's europaische Staats-Consilia, —— seit dem
Anfang des 16. Sacculi bis 1715. Leipz. 1715. Th. I u. II. fol.

2) G. F. v. Martens Erzählungen merkwürdiger Fälle des neuern
europaischen Völkerrechts, nebst einem Anhang von Gesetzen
und Verordnungen, welche in einzelnen europäischen Staaten
über die Vorrechte auswärtiger Gesandten ergangen sind. Gottingen Bd. I. 1800. Bd. II. 1802. 4.

_____

CHAPITRE VIII.

OUVRAGES LEXICOGRAPHIQUES.

(§ 34.)

1) C. F. Hempel's allgemeines Staatsrechts-Lexicon (voyez ci-haut,
§ 8.)

2) F. L. Ant. Hörschelmann's europäisches Staats-, Kriegs- und
Friedens-Lexicon (depuis le 15e siècle). Frankf. u. Leipz. Th. I.
1765. Th. II. 1766. gr, in-8o.

3) Encyclopédie méthodique ; la section d'Economie politique et
Diplomatique. A Paris 1784-1788. T. I-IV. gr. in-4o.

4) Robinet dictionnaire universel des sciences morale, écono-
mique, politique et diplomatique, ou bibliothéque de l'homme
d'état et du citoyen. A Paris 1777-1787. T. I-XXX. in-4o.

5) Repertorium reale pragmaticum juris publici et feudalis ; mit C. G. Buder's Vorrede. Jena 1751. 4. Cet ouvrage a paru entièrement refondu sous le titre suivant.

6) Repertorium des teutschen Staats. und Lehnrechtes, von H. G. Scheidemantel. Leipz. Th. I (A-E) 1782. Th. II (F-R) 1783; von C. P. Haeberlin, Th. III (L-O) 1793. Th. IV (P-R) 1795. gr. in-4°.

7) A cette classe appartiennent aussi les *Dictionnaires historiques universels*, tel que celui de Louis Morери, d'après les plus nouvelles éditions, publiées à Paris 1742 en 8 tomes in-fol., et en 16 tomes in-4°, avec 2 tomes de supplémens par C. P. Goujet, à Paris 1749. La 22ᵉ édition, par Drouet, parut à Paris en 1799, 10 vol. in-fol. Ce dictionnaire est aussi traduit en anglais et en espagnol.

8) Joh. Franz Buddeus allgemeines historiches Lexicon. Leipz. 1709-1714. Th. I-III. fol.; 2ᵉ édit. 1722. fol.; 3ᵉ édit. 1730-1732, avec deux volumes de Supplément qui ont paru 1740. fol.; édition de Bâle, par J. C. Iselin, 1729 (cependant le 4ᵉ volume porte l'année 1727), Th. I-IV. fol.

9) Universal-Lexicon, von Zedler (nom du libraire). Leipzig 1732-1754. Th. I-LXVIII. fol.

10) Dictionnaire historique, par P. Bayle, T. I-IV. fol.

11) Chaufrepié nouveau dictionnaire historique, et d'autres, surtout

12) les différentes *Encyclopédies* ou Dictionnaires encyclopédiques qui ont paru en Allemagne, en France, et en Angleterre. La plus récente, c'est celle qui s'imprime maintenant à Leipzig, sous le titre suivant : Encyclopadie der Wissenschaften und Künste, in alphabetischer Folge. Herausgegeben von J. S. Ersch und J. G. Gruber. Th. I. 1818. Th. II. 1819. gr. in-4°, avec des gravures et cartes géographiques. A cette classe appartient aussi : Allgemeine teutsche Real-Encyclopädie, oder Conversations-Lexicon. Fünfte Auflage. Bd. I-X. Leipzig 1818 u. 1819. 8.

CHAPITRE IX.

OUVRAGES SERVANT A L'HISTOIRE ET A L'INTERPRÉTATION DES TRAITÉS PUBLICS.

(§ 35.)

1) Préliminaires des traités faits entre les rois de France et tous les princes de l'Europe, depuis le règne de Charles VII; par M. AMELOT de la HOUSSAYE. A Paris 1692. 8. Se trouve aussi à la tête du Recueil des traités de LEONARD ; voyez ci-dessus, § 12.

2) (Jean-Yves de St. PRIEST) Histoire des traités de paix et autres négociations du XVIIIe siècle, depuis la paix de Vervins jusqu'à la paix de Nimègue (1597-1679). A Amsterd. 1735. T. I et II. fol.

Cet ouvrage fait aussi partie du Corps diplomatique de DU MONT, dont il comprend le 14e tome. Il parut sous le même titre, en 1725, à Amsterdam, en deux volumes in-fol., une édition antérieure, peut-être moins complète. L'auteur ayant été secrétaire de M. de TORCY, quelques-uns ont attribué son livre à ce dernier.

3) Histoire des anciens traités (depuis 1496 avant J.-C. jusqu'en 813 de l'ère chrétienne; par M. BARBEYRAC. A Amsterdam. 1739. fol.

Cette histoire des traités fait aussi partie, comme tome premier, du Supplément de ROUSSET au Corps universel diplomatique de DU MONT.

4) Joh. Jac. SCHMAUSS Einleitung zu der Staatswissenschaft und

Erläuterung des von ihm herausgegebenen Corporis juris gentium academici und aller andern seit mehr als zwei Seculis geschlossenen Bündnisse, Friedens- und Commercien- Tractate. Leipz. Th. I, 1741. Th. II. 1747, 2e édit. 1760. gr. in-8o.

Cet ouvrage comprend la période de 1439-1740, et pour les états du nord, celle de 1700-1743.

5) Droit public de l'Europe fondé sur les traités; par l'abbé de MABLY. À Paris 1747 (ou plutôt au commencement de l'an 1748, où cette édition fut épuisée dans peu de mois) in-8o.

Deuxième édition, avec des remarques historiques, politiques et critiques, par M. ROUSSET. A. Amsterd. 1748. T. I et II. in-8o. — Nouvelle édition, augmentée des principes de négociations, pour servir d'introduction à cet ouvrage (par M. de MABLY). A Amsterd. et à Leipsig 1761. T. I et II. 8. — Troisième édition continuée par l'auteur jusqu'à 1763. A Genève (Paris) 1764, T. T. I-III. in-8o. — Quatrième édit. ibid. 1768. in-8o. Les additions et corrections furent aussi publiées comme tome troisième de l'édition d'Amterdam, de 1761. — Cinquième édition continuée jusqu'en 1773, avec la plupart des remarques de ROUSSET, et avec les principes de négociations de MABLY. A. Amsterd. et Leipsig 1773. T. I-III in-8o; de même à Genève 1776, T. I-III in-8°, et 1792 in-8o; aussi dans les Oeuvres complètes de MABLY, édit. de Lyon 1792, T. I et II in-8°, et dans l'édit. de Paris de 1794, T. VI-VIII.

Traduit en allemand, sous ce titre: Das Staatsrecht von Europa. Frankf. 1794. 8.

6) Résultats des guerres, des négociations et des traités qui ont précédé et suivi la coalition contre la France, pour servir de supplément au droit public de l'Europe de MABLY; par ARNOULD. A Paris. T. I. 1803. 8.

Ouvrage qui se répand sur la période de 1763 jusqu'à 1795; quant à la manière de traiter les matières, il diffère beaucoup de celui de Mably.

7) G. P. Hempel's allgemeines Staatsrechts-Lexicon , voyez ci-haut
§ 8 et 34.

8) Kurze Untersuchung der vornehmsten im 17. Jahrundert geschlossenen Allianzen , Bündnisse und Verträge, Berlin 1758. 4.

Ce livre s'étend sur 105 traités publics, tant anciens que modernes.

9) Abrégé de l'histoire des traités de paix entre les puissances de
l'Europe, depuis la paix de Westphalie; par M. (Christophe-
Guillaume) Koch. A Bâle, T. I et II. 1796; T. III et IV. 1797.
gr. in-8°.

L'auteur , décédé le 25 mai 1813 , avait promis de publier un
cinquième volume. Une nouvelle édition , dans laquelle l'histoire
est continuée jusqu'en 1815, a paru sous le titre suivant.   –

10) Histoire abrégée des traités de paix entre les puissances de
l'Europe, depuis la paix de Westphalie, par feu M. de Koch;
ouvrage entièrement refondu, augmenté et continué jusqu'au
congrès de Vienne et aux traités de Paris de 1815 , par Fréd.
Schoell. A Paris , 1817 et 1818. L. I-XV. gr. in-8°.

11) C. D. Voss Geist der merkwürdigsten Bündnisse und Friedensschlüsse des 18. Jahrhunderts. Gera 1801-1802. Th. I-V.
gr. in-8°.

Une continuation de cet ouvrage, pour le 19e siècle, a paru
en deux volumes, sous le titre suivant.

12) C. D. Voss Geist der merhw. Bündnisse, etc. des 19. Jahrhunderts. Th. I u. II. Gera 1803 et 1804. gr. in-8°. Ces deux
volumes forment aussi, moyennant un frontispice séparé, les
tomes VI et VII de l'ouvrage n° 11.

CHAPITRE X.

MÉMOIRES HITORIQUES,

particulièrement sur des négociations.

On entend par ces Mémoires non seulement les histoires des négociations, mais aussi les recueils d'écrits officiels des agens diplomatiques, tels que leurs notes, mémoires, rapports, lettres, etc. Hors ceux indiqués ci-dessus (§ 25) qui ont particulièrement pour objet des congrès de paix et autres, nous nous contentons de nommer les suivans.

SECTION PREMIÈRE.

MÉMOIRES HISTORIQUES RASSEMBLÉS DANS DES COLLECTIONS A CE EXCLUSIVEMENT DESTINÉES.

(§ 36.)

1) Collection universelle des mémoires particuliers relatifs à l'histoire de France. A Londres, et se trouve à Paris, 1785-1791. T. I-LXV. gr. in-8º. Continuée, jusqu'au commencement du 17ᵉ siècle; en 1806, pour les Tomes LXVI-LXVIII, imprimés eu Allemagne, quoique Paris soit nommé comme lieu d'impression. Une grande partie de cette collection se trouve, traduite en allemand, dans la collection suivante.

2) Friedr. Schiller's allgemeine Sammlung historischer Memoiren, vom 12. Jahrhundert bis auf die neuesten Zeiten, durch mehrere Verfasser übersetzt und jedesmal mit einer universalhistorischen Uebersicht versehen. Jena 1790-1805. I. Abtheilung,

Bd. I-IV. II. Abtheilung, Bd. I-XXVI. in-8°. Cette collection s'é-
tend jusque dans le temps du Duc Régent.

SECTION II.

MÉMOIRES HISTORIQUES PUBLIÉS SÉPARÉMENT.

(§ 37.)

En abandonnant une foule de Mémoires historiques, la plupart
anonymes, dont il est souvent fait mention dans l'histoire des
états de l'Europe, nous nous bornons à indiquer, par ordre
alphabétique des auteurs, les suivans.

1) AMELOT, voyez ci-après OSSAT.

2) ANGOULÊME (duc d', comte de Béthune et de Préaux-Château-
neuf), ambassade extraordinaire en 1620 ; avec les observations
politiques de M. de BÉTHUNE, employé à cette ambassade ; le
tout publié par Henri de BÉTHUNE. Paris 1667. fol.

3) ARLINGTON (comte d') lettres. A Utrech 1701. 8.

4) ARNAULD (Henry) négociations à la cour de Rome. 1748.
T. I-V. 8.

5) AVAUX (comte d') négociations en Hollande, depuis 1679-1688,
A Paris. T. I-III. 1753. T. IV-VI. 1753. 8.

6) *Du même*, Mémoires touchant les négociations du traité de paix
fait à Munster en 1648. A Cologne 1648. 12.

7) Lettres de Messieurs d'AVAUX et SERVIEN, ambassadeurs en
Allemagne. 1650. 8.

8) BASSOMPIERRE (maréchal de) ambassades (en Espagne l'an 1621,
en Suisse l'an 1625, en Angleterre l'an 1626). A Cologne 1668.
vol. I-IV. in-12°.

Cet ouvrage est sorti des presses des Elzeviers. L'histoire de chaque ambassade a aussi paru sous un titre particulier ; celle en Suisse en 2 volumes in-12₀, et une nouvelle édition; à Cologne 1744, en 2 vol. in-12°.

9) Mémoires du maréchal de BASSOMPIERRE. Cologne 1665, 3 vol. 12. Amsterd. 1692. Cologne (Rouen) 1703. 2 vol. 12.

10) Nouveaux mémoires du maréchal de BASSOMPIERRE, recueillis par le président HÉNAULT. A Paris 1802. 8.

11) BELLIÈVRE et SILLERY (MM. de) mémoires sur la paix de Vervins. A Paris 1360. Ibid. 1677. T. I et II. 8. A la Haye 1696. T. I et II. 8. A Paris 1700. A la Haye 1725. 2 vol. 12.

12) BÉTHUNE, voyez ANGOULÊME et SULLY.

13) BODERIE (de la) ambassades en Angleterre, sous le règne de Henry et de la minorité de Louis XIII, depuis 1606 jusqu'en 1611 (publiées par Paul-Denis BURTIN). A Paris 1750. T. I-V. 8.

14) BRIENNE (comte de) mémoires (depuis 1613-1661). A Amsterd. 1719. T. I-III. 12.

15) CARLETON's (Sir Dudley) Letters during his embassy in Holland (1616-1620). London 1757. 4. Une traduction française a paru sous le titre suivant.

CARLETON (chevalier de, ambassadeur de Jacques Iᵉʳ, roi d'Angleterre) lettres, mémoires et négociations. A Leyde 1759. T. I-III. 12.

16) CHANUT (ambassadeur du roi de Suède en France) mémoires. A Cologne 2667. T. I-III. 12.

17) CHATEAUNEUF, voyez ANGOULÊME.

18) CHOUPPES (marquis de) mémoires (1625-1663). A Paris. 1753. T. I et II. 12.

19) COLE, Memoirs of affairs of state, containing letters written by Ministers employed in foreign negociations (1697-1708), published by Chr. COLE. Lond. 1733, fol.

20) DOHM's (Christian Wilh. v.) Denkwürdigkeiten meiner Zeit,

oder Beytrage zur Geschichte vom letzten Viertel des 18. und vom Anfange des 19. Jahrhunderts, 1778-1806. Lemgo u. Hannover Bd. J. 1814. Bd. II. 1815. Bd. III. 1818. 8.

21) Éon de Beaumont (chevalier de) letttres, mémoires et négociations. A la Haye 164. 4o, aussi in-8o.

Là-contre voyez Examen des mémoires du chev. d'Éon de Beaumont. Ibid. eod. Comparez Moser's Beytrage zu dem europ. Velkerrecht, Th. IV. S. 282 ff.

22) Estrades (comte d') ambassades et negociations en Italie, Angleterre et Hollande, depuis 1637 jusqu'en 1662. A Amsterd. 1718. 8.

23) Du même, lettres, mémoires et négociations (1663-1668). A Bruxelles 1709. T. I-V. 8. Amsterd. 1718. 12. Londres 1743. T. I-IX. 12.

24) Feuquères (marquis de) lettres et négociations. A Amsterd. 1753. T. I-III. 8.

25) Gortz (comte Eustache de) mémoire historique de la négociation en 1778, pour la succession de la Bavière. A Francf. 1812. 12.

26) Harrach (comte de) mémoires, par M. de la Torre. A la Haye 1720. 2. T. I et II. ibid. 1735.

27) Jeannin (président, Pierre) négociations. A Paris 1651. fol. Ibid. 1653. fol. Ibid. 1656. fol. A Amsterd. 1695. T. I-IV. 8.

28) The Memoirs of John Ker of Kersland, containing his secret Negociations in Scotland, England, the Courts of Vienna, Hannover, etc., published by himself. Lond. 1726. 3 vol. in-8o. Traduit en français. A Rotterdam 1726-1728. 3 vol. in-8o, et en allemand, à Hambourg..... 4o.

29) Klüber's (J. L.) Uebersicht der diplomatische Verhandlungen des wiener Congresses. Abth. I, et II u. III. Frankf. 1816. 8.

30) Mazarin (cardinal) lettres. Amsterd. 1690. 12. Nouv. édit. augmentée de plus de 50 lettres. ibid. 1745. T. I et II. 8.

31) Montgon (abbé de) mémoires (1725-1731). A Lausanne 1750 et suiv. T. I-VIII. 12.

32) Noailles (Antoine, François et Gilles de) ambassades en Angleterre (sous les règnes de Henri II, de François II, de Charles IX et de Henri III), rédigées par l'abbé de Vertot (et publiées par Dom Antoine-Joseph Pernety). Paris 1765. vol. I-V. 12.

33) Ossat (Arnauld , cardinal d') lettres (1594-1604). Paris 1627. fol. Ibid. 1641. fol., et avec des notes de M. Amelot de la Houssaye. Paris 1697. T. I et II. 4. Amsterd. 1708. T. I-V. 12. Ibid. 1732. T. I-V. 8.

35) Perron (cardinal Jacques Davy du) ambassades et négociations depuis 1590 jusqu'en 1618 ; recueillies par César de Ligny. Paris 1623. fol. Ibid. 1629 , 1633 , 1645 et 1715, fol.

35) Richelieu (cardinal , duc de) lettres, où l'on a joint des mémoires et instructions secrètes de ce ministre pour les ambassadeurs de France en diverses cours. A Paris 1696 2 vol. 12.

56) *Du même*, mémoires Londres, Marseille et Paris. 1790. T. I-IV. gr. in-8o.

37) Rusdorf (Jo. a) consilia et negotia politica. Francof. 1725. fol.

38) Rusdorf (de) mémoires et négociations secrètes, rédigées par E. G. Cuhn. A Leipsig 1789. T. I et II. 8. Et en allemand, ibid. 1789. 2 vol. gr. in-8o.

39) Silleri , voyez Bellièvre.

40) Sully (Maxim. de Béthune , duc de) mémoires (1590-1611). T. I et II. Amsterd. (avant 1649) T. III et IV. Paris 1662. fol. Amsterd. (Trevoux) 1725. T. I et II. 12. Londres (Paris) avec des remarques par de l'Ecluse. 1745 (et 1747?) T. I-III. 4. av. fig., aussi en 7 vol. in-12o. (Cette dernière édition a été modernée et rangée dans un autre ordre , par l'abbé de l'Ecluse des Loges.) Londres 1778. T. I-X. gr. in-12o. Liége 1688. vol. I-X. in-8o.

Traduit en allemand , Zuric 1783-1785. Th. I-VII in-8o.

41) Temple (chevalier de) lettres. A la Haye 1700. 12.

42) Torcy (de) mémoires pour servir à l'histoire des négociations depuis le traité de paix de Ryswik jusqu'à la paix d'Utrecht. A Londres 1757. T. I-III. 8. A la Haye (Paris) 1758. T. I-III. 12. Londres T. I-IV. 12. (Ces mémoires avaient d'abord paru anonymes en France.)

43) Torrr (de la) mémoires et négociations secrètes de diverses cours de l'Europe. A la Haye 1721. T. I-V. 8.

44) Walpole (Robert) Memoirs, by William Coxe. Lond. 1798. T. I-III 4.

45) Walpole (Horatio) Memoirs. Lond. 1802. 4.

46) Walsingham, mémoires et instructions pour les ambassadeurs ou lettres et négociations. Traduits de l'anglais par Louis Bou-lestris de la Coxtie. Amsterd. 1700. 4. Seconde édit. ibid. 1717. T. I-IV. 12.

47) Witt (Jean de) lettres et négociations. Amsterd. 1725. T. I-V. 8.

CHAPITRE XI.

OUVRAGES

pour servir à l'*Histoire des événemens politiques modernes*,

et

JOURNAUX POLITIQUES.

SECTION PREMIÈRE.

HISTOIRE POLITIQUE MODERNE.

(§ 38.)

1) L. T. Spittlen's Entwurf der Geschichte der europäischen Staaten. Goettingen 1793. 8. Zweiter unveränderter Abdruck ;

mit einer Fortsetzung bis auf die neuessen Zeiten , von Ge. Sartorius. Berlin 1802. Th. I u. II. gr. in-8º.

2) J. G. Meusel's Anleitung zur Kenntnifs der europäischen Staatengeschichte. Leipz. 1775. gr. in-8º. De nouvelles éditions , corrigées , augmentées et continuées , ont paru en 1782, 1788, 1800 et 1816. gr. in-8º.

3) Mémoires pour servir à l'histoire de l'Europe depuis 1740 jusqu'à la paix d'Aix-la-Chapelle (par M. le baron de Spon ?) Amsterd. 1749. T. I et II. 8. Ibid. 1752. T. I-III. 8.

4) (Maubert) Histoire politique du siècle, —— depuis la paix de Westphalie jusqu'à la dernière paix d'Aix-la-Chapelle inclusivement, avec le précis de tous les traités négociés entre les cours depuis cent ans. Londres T. I. 1754. T. II. 1755. 8.

Le premier volume , qui va jusqu'à 1969, a paru augmenté à Londres 1757. 4., à Leipsig 1758, gr. in-8º , et , traduit en allemand , ibid. 1758. gr. in-8o.

5) Cottfr. Achenwall's Entwurf der allgemeinen europäischen Staatshändel des 17. u. 18. Jahrhunderts. Goettingen 1756. 8. De nouvelles éditions ont paru en 1761, 1767 et 1779. gr. in-8o.

6) Joh. Christoph Adelung's pragmatiche Staatsgeschichte Europens von dem Ableben Kaiser Carls VI. an. Gotha 1762-1769. Bd. I-IX. 4.

7) Joh. Ge. Busch Grundrifs der merkwürdigsten Welthandel neuerer Zeit (depuis 1440). Hamburg 1781. in-8o.

De nouvelles éditions, continuées, ont paru en 1783 et 1796; la quatrième édition, continuée depuis 1796 jusqu'en 1810 par G. G. Bredow's , ibid. en 1810. gr. in-8º. La continuation de Bredow se vend aussi séparément sous le titre suivant :

G. G. Credow's Grundrifs einer Geschichte der merkwürdigsten Welthandel von 1796 bis 1810. Hamburg 1810. gr. in-8º.

8) Jul- Aug. Remer's Handbuch der neuen Geschichte, von der Kirchenverbesserung bis auf das Jahr 1799. Braunschw. 3. Auflage, 1799. 8.

8) M. C. Sprengel's Uebersicht der Geschichte des 18. Jahrhunderts. Th. I (1700-1713) Hall 1797. 8.

10) Jo. Gottfr. Eichhorn's Geschichte der drei letzten Jahrhunderte. Göttingen 1803 u. 1804. Bd. I - IV. 8. Dritte verbesserte und bis Ende. 1816 fortgesetzte Auflage. Hannover 1817. 8.

11) *Du même*, Neunzehntes Jahrhundert. Zur Ergänzung der beiden ersten Ausgaben seiner Geschichte der 3 letzten Jahrh. Hannov. 1817. 8.

12) G. G. Bredow's Chronik des 19. Jahrhunderts. Bd. I (1801-1803). Altona 180... Zweite Auflage, 1808. Bd. II, (1804 u. 1805) ebendas. 1807. Bd. III , ausgearbeitet von C. Venturini, herausgegeben von G. G. Bredow (1806-1808), ebendas. 1809 u. 1810. gr. 8.

13) G. Venturini's Geschichte unserer Zeit. Leipz. Bd. I (Jahr 1809) 1811. Bd. II (Jahr 1810) 1812. Bd. XI (Jahr 1814) Altona 1817. gr. 8.

14) Fréd. Ancillon tableau des révolutions du système politique de l'Europe depuis la fin du 15e siècle. A Berlin 1803-1805. T. I-IV. 8. Réimprimé à Paris 1806 en 7 vol. in - 8°. Traduit en allemand , par Fréd. Mann. 1-III. Berlin 1804-1806. 8.

15) Tableau des révolutions de l'Europe , depuis le bouleversement de l'empire romain en Occident jusqu'à nos jours, etc. ; par M. Ch. Guil. de Koch. Paris 1807. T. I-III. in-8°. Nouv. édit. corrigée et augmentée ; ibid. 1814. T. I-IV. in-8°. Il y a des exemplaires portant le millésime de 1813. Le quatrième volume est imprimé séparément pour les possesseurs de la première édition. Une traduction allemande de la première édition, par J. D. Sander , a paru sous ce titre.

Ch. W. Koch's Gemälde der Rolutionen in Europa. Berlin 1807. Th. I-III. gr. 8.

16) A. H. L. Heeren's Handbuch der Geschichte des europäischen Staaten-Systems und seiner Colonien. Goettingen 1809. 2. Auflage 1811. gr. 8.

17) G. F. Martens Grundrifs einer diplomatischen Geschichte der europaischen Staatshandel und Friedensschlüsse, seit dem Ende des 15. Jahrhunderts bis zu dem Frieden von Amiens (1477-1802). Berlin 1807. 8.

18) Gottl. Wahlmutl's neueste Zeitgeschichte seit dem Frieden von Lunéville (Febr. 1801 - Dec. 1804). Straubing Bd. I. 1807. Bd. II. 1808. 8.

19) A. C. Wedekind's chronologisches Handbuch der neuern Geschichte , von 1740 bis 1807. Lüneb. 1808. 8. Zweiter Theil (1805-1815) 1817. 8.

20) Pragmatische Geschichte der europäischen Staaten , seit dem Anfang der französischen Revolution bis auf unsere Zeit (1789-1810). Herausgegeben von zwey weimarischen Gelehrten. Gotha 1810-1812. Bd. I-IV. 8. avec des portraits.

21) Leonh. v. Dresch Uebersicht der allgemeinen politischen Geschichte, insbesondere Europens. Weimar Th. I. u. II. (ältere u. mitlere) 1816. T. III (neuere Geschichte.) 1815. 8.

22) G. G. Uebelen, Geist der neuern und neuesten Geschichte. Stuttgart 1815. 8.

23) Friedr. Saalfeld's allgemeine Geschichte der neuesten Zeit, seit dem Anfang der französischen Revolution. Abth. I u. II. Gottingen 1816. 8.

24) Du même , Geschichte Napoleon Buonaparte's , oder Grundrifs der Geschichte des neuesten europ. Staaten-Systems, von 1796-1815. In zwei Banden. Zweite ganzlich umgearb. Aufl. Leipz. u. Altenb. 1817. 8.

25) Ueber die neuere Geschichte; Vorlesungen, gehalten zu Wien im. J. 1810, von Fried. Schlegel. Wien 1811. 8.

26) C. D. Voss das Jahrhundert Napoleon's I, seinen Haupt-Momenten nach. Leipz. 1811. 8.

27) K. H. L. Pölitz das Zeitalter Napoleon's. Leipz. 1813. gr. 8.

28) Fr. Buchholz Geschichte der europaischen Staaten seit dem Frieden von Wien (1809 1816). Berlin 181.-1817. in 12°. Aussi sous le titre : Historiches Taschenbuch.

*   *   *

29) F. G. de Martens tableau diplomatique des relations des principales puissances de l'Europe, surtout par rapport aux possessions, au commerce, à la neutralité et aux alliances. Berlin. 1801. 8.

Ce tableau remplit aussi le troisième volume d'un ouvrage du même auteur, intitulé : *Cours diplomatique*, ou tableau des relations extérieures des puissances de l'Europe, tant entre elles qu'avec d'autres dans les diverses parties du globe. A Berlin 1801. T. I-III. 8.

Les deux premiers tomes de ce dernier livre portent également un titre séparé, celui de *Guide diplomatique*, etc. T. I et II, voyez ci-haut § 8.

Un abrégé de ce Cours diplomatique avait paru antérieurement, sous le titre suivant : G. F. de Martens ébauche d'un cours politique et diplomatique. Gottingue 1796. 8.

30) Politique de tous les cabinets de l'Europe, pendant les règnes de Louis XV et de Louis XVI. Paris 1794. T. I et II. 8.

31) L. P. Anquetil motif des guerres et des traités de paix de la France pendant le règne de Louis XIV, Louis XV et Louis XVI, Paris 1798. 8.

32) Motifs des guerres et des traités de paix de la France. Paris, an VI. 8.

33) Politique de tous les cabinets de l'Europe, pendant les règnes

de Louis XV et de Louis XVI. Paris 1793. T. II et I. 8.
Seconde édition considérablement augmentée, etc., par L. P. Sé-
gur l'aîné, ex-ambassadeur. A Paris 1801. T. I-III. 8.

34) Tableau analytique de la diplomatie française, depuis la minorité de Louis XIII jusqu'à la paix d'Amiens; par Ferd. A Bayard.
Paris T. I. 1804. T. II. 1805. 8.

35) Histoire générale et raisonnée de la diplomatie française, depuis
la fondation de la monarchie française jusqu'à la fin du règne de
Louis XVI (1792); avec des tables chronologiques de tous les
traités conclus par la France; par M. de Flassan. Paris et Strasb.
T. I-VI. 8. Nouv. édition augmentée de la valeur d'un volume;
ibid. 1811. T. I-VII. gr. in-8°.

Autorisé et encouragé par Napoléon, l'auteur a composé cet
ouvrage avec des matériaux authentiques. Cependant il s'est
trouvé dans le cas de faire *trente-deux* cartons aux six volumes de
la première édition, pour remplacer du Tome Ier les pages
1-10, 17-22, et 33-36, la quatrième feuille entière, les pages 87-
88, 107-108, 217 et 218; du T. II les pages 281 et 282; du
T. III les pages 95 et 96; du T. IV les pages 201 - 202, 297, 298 ,
343-346; du T. V les pages 307 et 308: du T. VI les pages 89,
90 , 145 - 146, 263 et 264.

Il faut joindre à ce livre l'écrit suivant du même auteur : Apo-
logie de la diplomatie française , etc., par l'auteur de la dipl. fr.
Paris 1812. 8.

De cette Histoire de la diplomatie fr. on a publié un extrait
allemand sous le titre suivant : Flassan's Frankreichs Friedens-
geschichte unter den drey ersten Dynastien , nach dem Französischen bearbeitet von Ernest Gr. v. Benzel-Sternau. Frankf.
Bd. I. 1813. Bd. II. 1815. gr. 8.

36) Histoire de la politique des puissances de l'Europe, depuis le
commencement de la révolution française jusqu'au congrès de
Vienne; par M. le comte de Paoli-Chagny. Paris 1817. T. I-IV.
gr. in-8°,

37) M. Leckie, irlandais, a publié, en anglais, à Londres 1812, un aperçu historique des relations extérieures de la Grande-Bretagne.

38) A cette classe appartiennent aussi les ouvrages de Schmauss, Mably, Arnould, Hempel, Koch, Schoell et Voss, indiqués, ci-haut, § 35.

SECTION II.

JOURNAUX POLITIQUES.

(§ 39.)

1) Theatrum europaeum, oder Beschreibung aller denkwürdigen Geschichten (1617-1718). Frankf. 1635-1738. Th. I-XXI. fol.

2) Diarium europaeum, oder kurze Beschreibung denkwürdigster Sachen (1657-1681). Francf. 1659-1683. Th. I-XLV. 4.

3) Monatlicher Staatsspiegel. Augsburg 1698-1709. Bd. I-XXI. 8.

4) Neu eroffneter Staatsspiegel. Haag (Leipz. 1710-1716. Th. I-VIII. 8.

5) Allgemeine Schaubühne der Welt (1601-1688). Frankf. 1699-1731. fol.

6) Die europaische Fama, Leipz. 1702-1734. Th. I-CCCLX, oder XXX Bande 8.

7) Die neue europaische Fama. Leipz. 1735-1756. Th. I-CXCII, oder XII Bände. 8.

8) Europäischer Staats-Secretarius. Leipz. 1734-1748. Th. I-CXLIV, oder XII Bände. 8.

9) Neuer europäischer Staats-Secretarius. Leipz. 1749-1755. Th. I-LX, oder V Bände. 8.

10) Der genealogische Archivarius (von Mich. Ranft). Leipz. 1732-1738, Th. I-L, oder VIII Bd. 8.

11) L'ouvrage précédent a été continué sous les titres suivans.

> a) Genealogisch-historische Nachrichten. Leipz. 1739-1750. Th. I-CXLV, oder XII Bd. 8.

> b) Neue genealogische Nachrichten. Leipz. 1750-1761. Th. I-CLX, oder XIII Bd. 8.

> c) Fortgesetzte neue genealogische Nachrichten. Leipz. 1762-1777. Th. I-CLXVIII, oder XIV Bd. 8.

12) A. L. Schlözer's Briefwechsel. Göttingen, 1772 u. ff. Bd. I-X. gr. 8. Vierte Aufl. 1780 ff.

13) *Du même*, Staatsanzeigen. Göttingen 1781-1794. Bd. I-XVIII. gr. 8.

14) Die neuesten Statsbegebenheiten (von H. M. G. Köster) Frankf. 1776-1782. Th. I-VII. 8.

15) Politisches Journal (von G. B. von Schirach, und nach dessen Tode, seit 1804 oder 1805, von seinem Sohn). Ce journal paraît continuellement à Hambourg depuis 1781, chaque mois un cahier, dont six font un volume in-8o.

16) Niederelbisches Magazin (von A. Wittenberg). Hamburg 1787-1795, chaque mois un cahier, dont six font un volume, in-8o. Depuis 1789, le titre de ce journal a été changé en « Historisches Magazin. »

17) Politische Nummern. Frankf. 1785- . . . . 8.

18) E. L. Posselt's europäische Annalen. Tübingen, depuis 1795, un cahier par mois, gr. in-8o. Continué aussi depuis la mort de M. Posselt, décédé en 1804, par un autre rédacteur.

19) C. F. Haeberlin's Staatsarchiv. Helmst. 1796-1808. Heft I-LXII. gr. in-8o.

20) J. W. v. Archenholz Minerva. Publié depuis 1792, un cahier par mois, d'abord à Berlin, puis à Hambourg, ensuite à Altona, in-8o. Il est continué après la mort de M. d'Archenholz, décédé en 1812. Le 101e tome parut au mois de mars 1817.

21) Magazin der europäischen Staatsverhältnisse. 1797 - ? . 8.

22) Nic. Vogt's Staats Relationen. Frankf 1803 ff. 8.

23) C. D. Voss , die Zeiten , oder Archiv für die neueste Staatengeschichte und Politik. Leipz. 1805 ff. 8. Ce journal est continué
encore aujourd'hui , un cahier par mois.

24) Kronos, eine Zeitschrift Polit. , histor. u. literar. Inhalts.
Jena 1812 , un cahier par mois. 8.

25) H. Luden's Nemesis , Zeitschrift für Politik u. Geschichte.
Weimar 1814-1818. 12 Bande. 8.

26) F. Buchholz Journal für Teutschland, historisch-polit. Inhalts.
Berlin 1815 ff. 8.

27) Ad. Muller's deutche Staatsanzeigen. Leipz. Bd. I. 1816. Bd.
II. 1817. 8.

28) Der teutsche Bund; herausg. v. K. E. Schmid. Hildburgh.
1816. Bd. I. 8.

29) Allgemeines Staatsverfassungs-Archiv. Weimar 1816 ff. 8.

30) J. L. Klüden's Staatsarchiv des teutschen Bundes. Erlang.
1816 u. 1817. Heft I-VI. 8.

*   *   *

31) Le Mercure françois (1605-1644). Paris 1611 - 1648. Vol.
I-XXV. 8.

32) L'espion dans les cours des princes chrétiens (1637-1682).
Cologne 1696-1699. Vol. I-VI. 8. Edit. 6. A la Haye 1742.
gr. in-12°.

33) Mercure historique et politique (novembre 1786-1682). Parme,
puis à la Haye, 1686 et suiv. in-12°. Jusqu'en 1787 , plus de 200
volumes avaient paru. En 1818, le Mercure de France a cessé de
paraître, après une durée de 139 ans. La Minerve, journal qui
s'imprime à Paris , devait le remplacer.

34) Lettres historiques contenant ce qui s'est passé de plus im-
portant en Europe (depuis 1692-1745.) A la Haie 1692-1745.
in-12°.

35) La clef du cabinet des princes de l'Europe. Luxembourg, puis à Verdun, ensuite à Paris 1704. 8. (En 1782 ce journal fut encore continué.)

36) Supplément de la clef du cabinet, etc. Verdun 1713. Vol. I et II. 8.

37) Nouvelles, ou mémoires historiques, politiques et littéraires. A la Haye et à Amsterd. 1728-1731. Vol. I-XII. 12.

38) Etat politique de l'Europe. A la Haye 1738-1749. Vol. I-XIII. 8. Traduit en allemand. Dresde et Leipsic 1740-1751. 13 vol. in-8.

39) Le journal universel. A la Haye 1743 et suiv. Vol. I-XVIII. in-12°.

* * *

40) The moderate Intelligencer Lond. 1645-1749. 4.

41) Historical Register. Lond. 1714-1738. 8.

42) The Annual Register, or a View of the History, Politic and Literature. Lond. depuis 1758, chaque année, in-8o.

* * *

43) Storia dell' anno. Amsterdam, puis à Venise, depuis 1731, chaque année un volume, in-8o.

* * *

44) Europäischer Mercurius. Amsterd. 1690-1756. T. I.-LXVII. 4.

45) Nederlansche Jaarboeken. Amsterd. 1747-1765. 8.

46) Nieuwe nederlandsche Jaarboeken. Amsterd. depuis 1767. 8.

47) Jaarboeken der batavschen Republiek. Amsterd. depuis 1793. 8.

* * *

48) Les *Gazettes politiques* qui paraissent dans les différens pays de l'Europe. Voyez.

a) Joach. v. Schwarzkopp über Zeitungen. Frankf. 1795. 8.

b) Da même, Ueber politische Zeitungen in mehrerern Staaten; dans le journal littéraire intitulé : Allgemeiner literarischer Anzeiger, 1800-1801.

———

TABLE ALPHABÉTIQUE

DES

AUTEURS

DONT LES OUVRAGES SONT ALLÉGUÉS OU NOMMÉS

DANS CE LIVRE.

1) Les chiffres désignent les *paragraphes;* les lettres a , b , c , etc.,
sont relatives aux *notes* du paragraphe.— 2) Précédés d'un S ,
les chiffres indiquent les paragraphes du *Supplément.* —
3) Les mêmes chiffres répétés , désignent que dans le même
paragraphe il est fait mention de *plusieurs* ouvrages du même
auteur.

I.

J.

II.   16

OUVRAGES ANONYMES.

A.

B.

C.

TABLE ALPHABÉTIQUE

DES

MATIÈRES.

1) Les chiffres désignent les *paragraphes* ; les lettres a , b , c. , etc. sont relatives aux *notes* qui se trouvent au bas du paragraphe indiqué. — 2) Précédés d'un S, les chiffres désignent les paragraphes du *Supplément*.

II.

phalie 185 a. 217, 219 c. 220 a. de Münster 96 a. 104 a. de Nimègue 187 a. 217. 219 c. de Ryswik 105 c. 177, 185 a. 217, 219 c. 226 c. des Pyrénées 105 c. 177 a. de Carlowitz et de Nimirow 105 g. d'Utrecht 104 b et d. 105 d. d'Aix-la-Chapelle, en 1748, 104 b et d; en 1818, 329. de Rastadt, en 1797-1799, 113 c. de Vienne, en 1814 et 1815, 72, 94 c. 104, 106, 107 c. 179, 181, 182, 202. son acte final 3 d.

Conjecture 3, 141. Voyez Présomption.

Connaissement 294.

Conquête 255 et suiv. regagnée par l'ennemi 257. jus postliminii ibid. 254, 270, 328. de la validité des actes du gouvernement dans un pays conquis, etc. Règle 258. Exceptions 259.

Conscensio thori solennis 116 f.

Conseillers de légation ou d'ambassade 189.

Consensus fictus 141.

Consentement fictif 141. Voir Fiction.

Consentement présumé. Voir Présomption.

Conservateurs d'un traité 155.

Conservation de soi-même 83. conduite à cet égard 43.

Constitution de l'état, son indépendance de la volonté d'autres états 51. sa garantie ibid. son rétablissement dans un pays reconquis 257.

Constance (lac de) 131 c.

Consolato del mare 288 b. 289, 300.

Consuls, vice-consuls et consuls-généraux 173 et suiv., leur rang et caractère diplomatique 173, 182. leur droit d'appliquer les lois de leur état en pays étranger 55 c traités, règlemens et ordonnances concernant les consuls 174 a. Voyez aussi Ministres.

Consultations S. 33.

Contrebande de guerre 288, 290

Contribution de guerre 251 et ibid. c. 275. traités sur elle 265 a.

Controverses 9.

Convenances des nations 2, 6. droit de convenance 44.

Conventions, expresses et tacites 3. présumées 1 c. 3 f. 15. 35 c. 141. explicatives 328. — d'un état, régies par le droit privé, 141 c. 259 a. Voyez aussi Traités.

Convoi des vaisseaux 293.

Copenhague, attaque des Anglais contre cette ville 285 d.

D.

E.

F.

G.

sur la neutralité, et sur la rédemption et l'échange des prisonniers 274. contributions et cartels 275. parlementaires 275. contribution de guerre 275. armes desquelles il est defendu de se servir 275. traités d'armistice 277 et suiv. hostilités, conventions sur leurs différentes espèces 278. Missions politiques durant la guerre 229 f. Voyez aussi Félicitation.

Gyllenborg, ministre suédois, son arrestation 211 f.

H.

Hambourg 29.

Hanau, domaines aliénés 259 b.

Hanovre, royaume 29. son rang 97. titre de son souverain 107 c.

Hautesse, titre 109.

Heimfallsrecht 82.

Hérauts d'armes 238 b, 275 b.

Hesse (électeur de), ses procédés envers les acquéreurs de domaines publics aliénés par le conquérant 258 et suiv.

Hesse électorale, son rang vis-à-vis des grands-ducs 98. ses titres 107 c, 109, 110.

Hesse, grand duché 29. — électorat 29.

Hesse-Hombourg, pr. 29.

Histoire, des états 7. — des événemens politiques 16 f. — politique moderne S. 38.

Histoire de la science du droit des gens 10-17. — S. 1.

Hobbes, se déclara contre l'explication du dr. d. g. 14.

Hochmögende, titre 110 c.

Hoheit, titre 109. Königliche — ibid.

Hohenzollern-Hechingen et Sigmaringen, principautés 29.

Hollande, son rang 97, 99 b, 100 a. ses honneurs royaux lors de sa constitution républicaine 91 b. titre de ses ci-dev. Etats généraux 110 c. collection de mémoires relatifs à sa révolution de 1788 S. 24. Voyez aussi Pays-Bas.

Holstein, duché 29.

Holstein-Oldenbourg, duché 29. ibid. c.

Hongrie, titre de son roi 111.

Honneurs funèbres pour des souverains décédés 115, 120.

Honneurs militaires dus aux ministres étrangers 225.

Honneurs royaux de certains états non royaux 31, 91. les états en jouissant peuvent envoyer des ministres de première classe 183. et en recevoir 184.

Honores regii, voir Honneurs royaux.

U.

V.

FIN.